El camino del networker

Mihail Millet

EL CAMINO DEL NETWORKER

La realidad del Multinivel que debes saber si quieres ir en serio

Título original: El camino del networker:
La realidad del multinivel que debes saber si quieres ir en serio

Autor: Mihail Millet

Edición limitada: Agosto 2024
© 2024 por Mihail Millet
Certificado de Propiedad Intelectual: 2304114030754

Reservados todos los derechos. Queda rigurosamente prohibida, sin la autorización por escrito del autor, bajo las sanciones establecidas en las leyes, la reproducción parcial o total de esta obra, así como su incorporación a un sistema informático, su transmisión en cualquier forma o por cualquier medio, sea este electrónico, mecánico, por fotocopia o por grabación, excepto en el caso de breves reseñas utilizadas en críticas literarias. También queda prohibida la distribución de ella mediante alquiler o préstamo público.

Edición: Autores Implacables
Corrección de estilo: Mauricio Rumualdo y Nahomi Mendoza
Diseño de portada: Aranza Villalobos
Diseño editorial interior: Sony Ramos

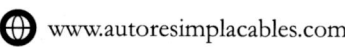 www.autoresimplacables.com

ÍNDICE

¿Por qué leer "El camino del Networker"?   11
Introducción   15

PRIMERA PARTE
ENTENDIENDO LAS REDES DE MERCADEO

1 — Mis aciertos y errores en el multinivel   23
2 — Mitos y verdades del multinivel   37
3 — Variables para elegir la empresa correcta   67

SEGUNDA PARTE
LA GUÍA PARA CONSTRUIR UN NEGOCIO EXITOSO

4 — 5 pasos para tener un arranque exitoso   81

TERCERA PARTE
LIDERA

5 — Cómo trabajar con un nuevo socio   121
6 — Cualidades de un líder   141
7 — Trabajar en profundidad   159
8 — Dinámicas de equipos para acelerar el crecimiento   171

Conclusión   199

Esta edición limitada no es para cualquiera

El modelo de negocio de las redes de mercadeo necesita más líderes como tú.

Quiero darte este libro de versión limitada como un agradecimiento al haber aportado a nuestra comunidad El Camino del Networker y por ser un profesional ejemplar para este modelo de negocio.

Lamentablemente, hay muchas empresas con corporativos poco humanos y pseudo líderes que buscan volver sectas comerciales sus negocios. Necesitamos edificar la industria, por eso como fundador de esta comunidad he tratado de ser muy cuidadoso a la hora de elegir quién aporta en nuestros cursos, eventos o contenidos de redes sociales.

Si este libro edición limitada ha llegado a tus manos es un símbolo de agradecimiento por ser un ejemplo de líder en esta profesión. No dejes de ser como eres. Y es que no hacemos esto sólo por dinero, lo hacemos por un propósito más grande, porque esto involucra personas y debemos ser muy responsables.

Gracias por dejar un granito de arena en nuestra comunidad y esperamos que no sea el último, queremos que sigas siendo parte de esto por los próximos años.

Mihail Millet
Fundador de El Camino del Networker

"El líder que no inspira, expira".

———

¿Por qué leer "El camino del networker"?

I

¡CUIDADO! *El camino del networker* es un libro profundo y provocador. Si esperas leer algo que avale todo lo que haces, esto no es para ti. En cambio, si eres un pensador crítico que quiere entender los "hoyos" de la industria para taparlos, ya te tardaste en leerlo.

Jaime Lokier
Fundador de Cumbre de Líderes y autor *Best Seller*

II

Ya era hora de que hubiera un libro así en el mercado hispano de redes de mercadeo. Mihail pone los puntos sobre las íes de manera honesta y contundente. Esto no se trata de sobrevender nuestro modelo de negocio, sino de sincerarlo para poder atraer a personas realmente profesionales que entiendan dónde están entrando. Este es un libro que debería leer tanto gente evaluando comenzar en el negocio, así como *networkers* con tiempo en la profesión que deseen orientar mejor a otros sobre si este negocio es para ellos o no. Realmente imperdible.

José Miguel Arbulú
Revolución MLM

III

El libro que faltaba sobre el *marketing* multinivel.

Para *agarrar al toro por los cuernos*, primero hay que mirarlo a los ojos. Hay muchos libros con información valiosa. La mayoría tienen intereses detrás más allá de educar y mostrar la verdad tal y como es. Ese no es el caso de este libro. Mihail expone lo bueno y no tan bueno de este negocio. Y, sobre todo, abre la puerta a cuestionarse y mejorar como *networkers* y empresarios. Es un libro obligatorio si estás dispuesto a quitarte la venda del positivismo ciego de los ojos y convertirte en un verdadero profesional del *marketing* multinivel.

Sergio Harin
Emprendedor digital

IV

Mihail Millet ha escrito un libro sumamente práctico, transparente y honesto, sobre qué determina tener resultados positivos en redes de mercadeo. Le puso palabras a lo que muchos también hemos concluido desde nuestras trincheras. Si eres un *networker* y te urge que te digan las cosas como son, tienes que leer este libro.

Mario Rodríguez Padrés
Networker con 30 años en la industria
y autor de 5 libros sobre multinivel.

V

¡INCREÍBLE! Un libro que te abre los ojos hacia las verdades del *marketing* multinivel. Si eres una persona que está evaluando este modelo de negocio, este es un libro real que te transmitirá lo bueno, lo malo y cómo destacar dentro si así lo decides. ¡Espero que sea el primero de muchos libros!

Cristian Arens,
autor del *Best Seller Código del Dinero*
y fundador de Invertir Joven

"No existe camino largo para la dirección correcta".

El camino del **Networker**

Introducción

El camino del networker es un libro con el que podrás entender a profundidad cómo funcionan los negocios de redes de mercadeo. Asimismo, te servirá de guía —como un paso a paso— para poder construir tu negocio de forma sólida y cometer menos errores en tu camino. Este libro son doce años de experiencia plasmada para desarrollar un modelo de negocios en los que viví momentos de estancamiento y frustración, pero también momentos de crecimiento exponencial y júbilo.

Como ya mencioné, el libro también puede servirte de guía para saber si el modelo del multinivel es, o no, el adecuado para ti; ya que no todos los negocios son compatibles con los tipos de emprendedores que existen. He tratado de hablar de la forma más simple y directa posible, sin miedo a la crítica y plasmé lo que, para mí, son los pros y contras de emprender en este modelo.

Debo confesar que escribir este libro fue un proceso de amor y odio. En el primer momento, pensaba hacer un libro de un "paso a paso" para tener éxito en el multinivel, como una especie de *Go Pro* más detallado; pero después sentí que necesitaba tocar temas más controversiales, como los mitos que hay alrededor, por ejemplo: la comparación con negocios piramidales o las críticas de los que los llaman "sectas comerciales". No he encontrado a otro autor o libro que toque y analice, a detalle, qué tan ciertos son estos mitos urbanos. Por eso sentí que alguien lo debía hacer. En ese proceso, me frustré un poco porque sentí que mi libro pasó de ser un texto que empoderaba y edificaba el multinivel, a uno que lo criticaba y podría incluso asustar a los *networkers*. Eso me hizo pensar que los líderes de las compañías no iban a recomendarlo o que incluso tratarían de hablar muy poco de él. Entonces entré en la encrucijada de si darle un estilo de edificación o de crítica al multinivel, porque debo confesar que en el capítulo 2 más de un lector pensará: *el multinivel no es para mí*.

Por unas semanas consideré seriamente en abandonar el libro, a causa de no encontrarle sentido a lo que estaba armando; pero, después de meditar un poco, pensé que no es mi función —ni obligación— estar de uno de los dos lados, así que decidí darle un toque más informativo, para que cada lector pueda sacar sus propias conclusiones. Así fue como, poco a poco, llegué a la fórmula correcta. Vas a sentir que este libro no se guarda nada, que muestra las cosas como son y que no busca abogar a favor ni en contra del multinivel, sino relatar las cosas como son en realidad. Por eso, siento que este libro es único, ya que muchos autores —cuando escriben libros acerca de estos temas— buscan persuadir al lector para que piense de determinada forma. Mi intención no es persuadir para que estés a favor o en contra, sino que tengas el conocimiento necesario para decidir de la mejor forma.

Tal vez, algunas personas van a criticar los conceptos de este libro, y otras van a reconocer un gran método para triunfar como *networkers*. Ese es el objetivo que deseo para *El camino del networker*, que cada persona se lleve lo que es importante para ellos, pero que tengan en cuenta que el libro está basado en la realidad que viví. Incluso si eres una persona que no hace multinivel, pero quieres conocer mejor el funcionamiento de estos negocios, puede ser que este libro te dé lo que necesitas.

En el primer capítulo te mostraré los aciertos y errores que cometí; además, te contaré cómo fue mi historia y qué resultados pude cosechar haciendo redes de mercadeo. De hecho, uno de los errores que cometí fue no elegir la empresa correcta. En el segundo capítulo, analizaremos los mitos y realidades que hay detrás del negocio, así podrás enriquecer tus conocimientos para conocer el porqué de sus detractores y partidarios. Creo que este capítulo será un filtro para muchas personas, ya que tienes la oportunidad de llegar a una de las siguientes conclusiones: la primera, es que el multinivel es un gran negocio y es perfecto para ti o, la segunda, que este negocio no es para ti.

En el tercer capítulo te mostraré lo que, para mí, es verdaderamente la clave antes de elegir una empresa de redes de mercadeo. Aquí hablaremos de las variables que pocos conocen y esto te servirá de guía para validar si tu empresa es la correcta o si debes seguir buscando. Creo que los primeros capítulos serán un filtro; si después de leerlos sientes que este negocio es perfecto para ti, los siguientes capítulos serán oro puro para tu crecimiento, ya que te daré estrategias o pasos para rentabilizar y escalar tu negocio.

A partir del cuarto capítulo, el libro empieza a ser una guía para obtener éxito como *networker*. Quiero que tengas en cuenta algo importante: es mejor que hagas tu negocio en ese orden. Muchas personas se aventuran a promocionar la oportunidad de negocio sin estar seguros de "qué tan bueno es lo que ofrece su empresa", y eso les hace arrepentirse o perder tiempo. El proceso que verás en el libro es el siguiente: ser producto del producto, tener tu base de clientes, afiliar personas en tu equipo, trabajar la profundidad de tu negocio y, finalmente, liderar y aplicar estrategias de masa crítica.

Honestamente, creo que después de leer el libro podrás ver este negocio de una manera distinta. Será como sumarte años de experiencia en el negocio, pero sin incluir las habilidades básicas, porque estas se aprenden tomando mucha acción.

¡Que lo disfrutes!

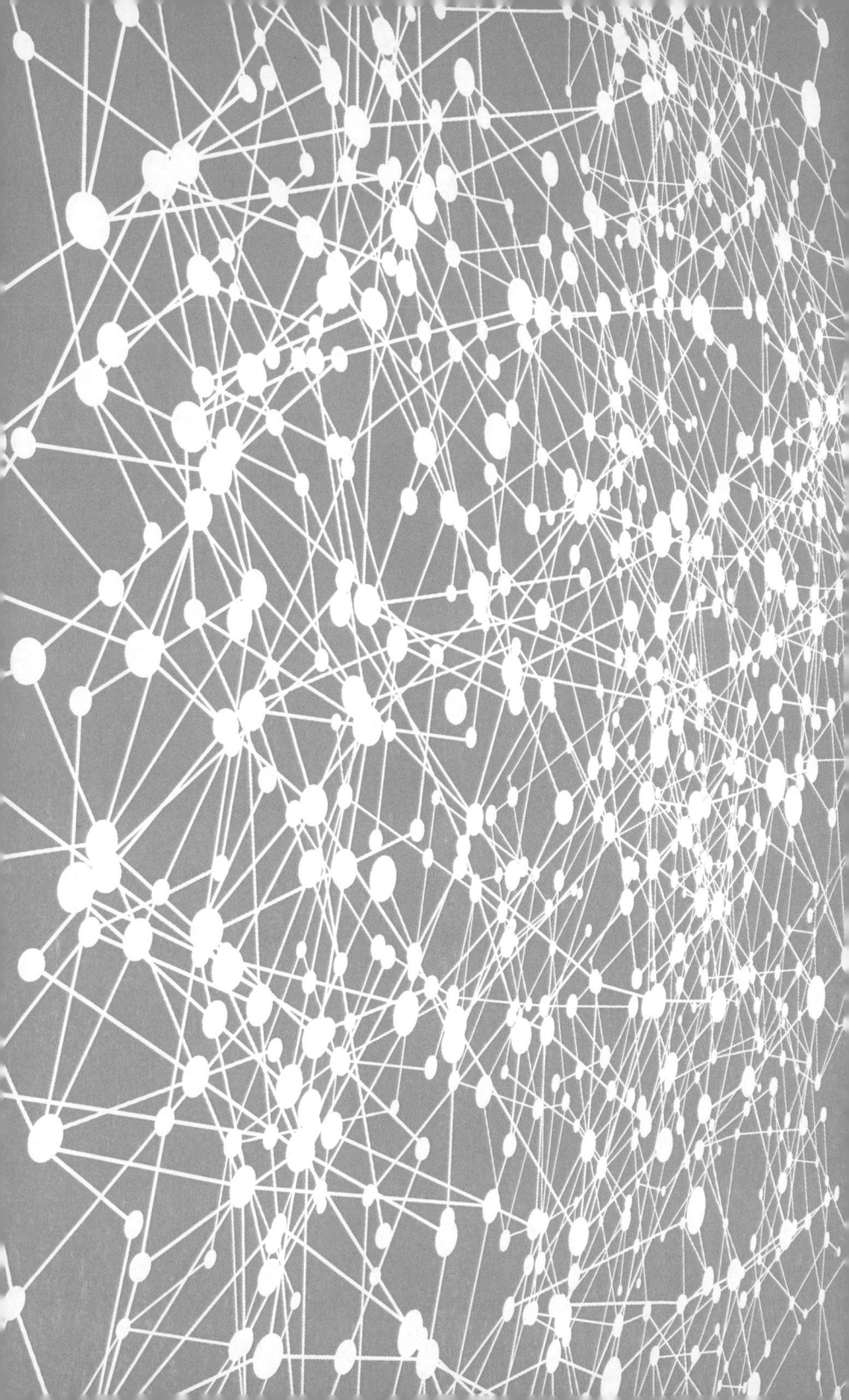

PRIMERA PARTE:

ENTENDIENDO LAS REDES DE MERCADEO

"No te sientas presionado por las redes sociales, nadie está publicando sus fracasos".

───────

Capítulo 1
Mis aciertos y errores en el multinivel

El multinivel fue un mundo que empezó para mí en el verano del 2011, en esa época yo estaba en la universidad y tan solo tenía dieciocho años. En ese entonces, un amigo de la universidad me ofreció la oportunidad de integrarme a un negocio con unos productos naturales que "recién estaban llegando"[1] a mi país, Perú. Algo que me encantó del modelo de negocio fue que era muy accesible ingresar, y para un muchacho como yo que no generaba ingresos y dependía de sus

---

1 Digo "llegando" porque la realidad es que demoró varios años más en llegar.

padres, tener un emprendimiento con tan poco dinero sonaba muy atractivo.

El trabajo se trataba de promocionar a otras personas los productos y la oportunidad de hacer el negocio. El único requisito era que necesitaba hacer una compra de productos para tener un código de distribuidor y estar en la lista de emprendedores. Otra cosa que también llamó mi atención —y que me pareció muy divertido—, fue el hecho de que la empresa manejaba bonos interesantes que, progresivamente, daban en forma de compensaciones muy buenas: llegando a ser autos y viajes. De esta manera, para mí las redes de mercadeo se mostraron como un mundo totalmente nuevo, ya que nunca había escuchado de ellas y, cuando la oportunidad llegó a mí, le dije a mi amigo que yo tenía la intención de entrar con todo. No fue tan difícil conseguir los $80 que necesitaba y, en cuestión de días, ambos ya estábamos dentro de la red.

La verdadera historia comenzó cuando me inscribí y empecé a ver lo que tenía que hacer. Mi primera actividad consistió en contactar a muchos amigos, conocidos y hasta familiares para tratar de venderles el producto, el negocio o las dos cosas. De esta forma, empecé a darme cuenta de que no era algo tan sencillo como lo había pensado. Al inicio recibí muchos rechazos, ya que mis amigos no consumían este tipo de productos (que era un jugo antioxidante, antiinflamatorio y natural) y muchos otros no se veían emprendiendo conmigo.

—Amigo, ¿ya te decidiste a ingresar al negocio? —le pregunté a mi amigo, por mensaje. Él se demoró en responder:

—No, Mihail. La verdad por ahora no voy a ingresar, pero, de todas maneras, muchas gracias.

Mi primer mes fue difícil, pero debo decir que perseveré y contacté a tanta gente que tuve la suerte de inscribir a cinco amigos, jóvenes como yo, que también querían generar ingresos. Este arranque me permitió armar un equipo de más o menos veinte personas en los primeros dos meses, pero después de un tiempo el equipo se frustró y, de las veinte personas, solo dos continuaron. No obstante, a pesar de lo que había sucedido ya me sentía confiado por lo que había hecho, así que decidí seguir. Me dijeron que no debía perderme ninguna capacitación o entrenamiento para desarrollarme como *networker*, así que empecé a involucrarme en todos los sentidos y poco a poco tomé conciencia del potencial que podría ver. Si bien la mayor parte de mi equipo se cayó, yo ya había generado unos $300 y eso era la prueba de que podría ganar mucho más si aumentaba mi determinación. Así fue como tomé la decisión de dedicarme a esto con más seriedad.

A los cinco meses mi negocio volvió a caer otra vez, pero yo estaba enfocado al ver cómo otras personas sí seguían creciendo. Motivado, empecé a leer libros de redes de mercadeo como *Escuela de negocios, Su primer año en el network marketing, Liderazgo al estilo ola 4* y los famosos libros de liderazgo escritos por John Maxwell. Los líderes de la compañía se volvieron mentores para mí, escuchar sus audios era como un hábito diario para poder mantener la creencia en que podía lograr grandes cosas.

Sentía que mi mente se estaba transformando para pensar como un verdadero empresario y, a mis ojos, todo era un mundo apasionante por descubrir. Empecé a creer mucho en el poder de las declaraciones de la psicología positiva, de los hábitos y del poder de una mente millonaria. Recuerdo que el libro *Los secretos de la mente millonaria* me convenció para seguir perseverando. Para ser sincero, yo no sabía bien en lo que me estaba metiendo, a pesar de creer que sí en el momento, lo que me animaba era una ambición creciente por lograr cosas importantes para mi vida.

En algún momento, dudé si esto podía ser una pirámide o esquema Ponzi porque muchos amigos y familiares me decían que se parecía a esas estafas de las que habían escuchado antes; pero fui a consultarlo con los líderes de la empresa y ellos nos decían que *cuando hay un producto que se vende es un sistema legítimo*, además se veían muchas personas buenas con intenciones positivas de ayudar a otros. Para mí era difícil creer que podría ser algo ilegal o malo, porque incluso habían libros que respaldaban este modelo como "escuela de negocios", "negocio del siglo XXI" o "los nuevos profesionales". Podría haber investigado más a fondo, pero una parte de mí no quería perder tiempo y apostar ciegamente por esto. Así que decidí cuestionarme menos y actuar más. ¿Habría sido esto un error?

El negocio se me hacía difícil. La gente no creía mucho en la oportunidad, porque la empresa era nueva y ni siquiera tenía oficinas o representantes en el país, pero los líderes insistían en que se veía una gran visión para todos. Eso nos llenaba de ilusiones y yo seguía perseverando a pesar de no tener resultados. Alrededor de mi séptimo mes en la empresa, mi negocio estaba estancado, mi equipo se había caído y no me alcanzaba ni siquiera para poder comprar mis productos y estar activo.

Uno de mis superiores me dijo que necesitaba seguir invirtiendo en mi negocio. Esto me llevó a comprar constantemente libros y audios, o ahorraba para asistir a los eventos presenciales que había. Más allá de toda la capacitación, sabía que no debía dejar de tomar acción y trabajar en equipo, por eso me mantuve cerca de las personas más exitosas de la empresa. Todo esto suena como si me estuviera metiendo en un círculo vicioso en donde perdía el tiempo y dinero. Mi familia me tildaba de loco porque, todos los días, trabajaba en algo que no daba resultados y que, para colmo, me estaba distrayendo de la universidad. Hasta que el éxito me alcanzó.

Después de nueve meses de mi arranque, todo ese esfuerzo desmedido al parecer valió la pena. Empecé a ver mejores resultados y mi equipo nuevamente empezó a crecer. Esta vez, llegaron personas que empezaron a creer en lo que nosotros decíamos y se tomaron muy en serio la oportunidad. Creyeron ciegamente como nosotros, estábamos armando un ejército de personas que apostaban por una visión. Mi negocio entró en un momento de crecimiento y fue como un éxtasis para nosotros sentir que todo lo que habíamos hecho estaba surtiendo efecto. Sentimos que las redes de mercadeo sí eran una promesa real y eso me animó a seguir adelante con muchas ganas y decidido a dedicarle más tiempo.

Empecé a tomar más sacrificios: dejé de pasar tiempo con los amigos o la familia y dejé de asistir a muchas reuniones para dar todo de mí en este proyecto. Era un muchacho de veinte años que quería vivir como un magnate de los negocios en tiempo récord. Para no hacerles la historia larga, todo ese esfuerzo generó un gran crecimiento. En los siguientes años —entre subidas y bajadas— logramos cosas sorprendentes; en un momento alcancé una organización de poco más de dos mil distribuidores activos que facturaban más de un millón de dólares al mes en ventas y no solo eran en mi país.

Este suceso me llevó a la fama dentro de la organización, ya que pude alcanzar uno de los rangos más altos de la empresa. Había miles de personas, en diferentes países, que me empezaron a ver como un gran ejemplo y mentor. Me volví "el muchacho de veintidós años que había cambiado su vida gracias a la empresa". Yo era el testimonio perfecto de un universitario que "pasó de tímido a temido". Incluso había un video de mi transformación en el antes y después que la gente usaba como testimonio de ventas en este tremendo negocio; si mal no recuerdo, puede seguir en Youtube como *Mihail Millet el poder de la transformación*.

La gente aspiraba a, algún día, llegar a ser como yo. Gracias a eso, sentía una responsabilidad enorme de poder asegurarles que sí podían, pero en algún momento empecé a pensar que el negocio no tenía sentido sí solo yo alcanzaba el éxito, así que me tomé muy en serio el trabajar para ayudar a otros a lograr lo mismo que yo hice. Sin embargo, mi perspectiva de negocio perfecto se fue modificando a partir de cierto momento. Durante esos años, comencé a darme cuenta de que no todo era color de rosa, pues empezaron a surgir retos, pero sobre todo empecé a cuestionarme acerca de si lo que estábamos haciendo era sostenible con el tiempo. Algo que siempre me generaba incomodidad, era ver que la mayoría de las personas terminaban abandonando el negocio y —a pesar de que algunos sí tenían mucho éxito— sentía que no debería funcionar así.

Los líderes notaron que a la gente no le interesaba mucho el producto, sino que la gran mayoría de las personas que ingresaba era por el deseo de generar ingresos. Aún recuerdo que, en el año 2014, me llevé una impresión negativa sobre mi negocio. Con algunos líderes de la empresa, asistimos a una convención de redes de mercadeo en Orlando, ahí conocimos a cientos de *networkers* que ya eran millonarios y tenían décadas construyendo negocios en las redes de mercadeo. Algo que me llamó mucho la atención es que su red estaba un 80% conformada por clientes; pero, a diferencia de ellos, nuestro negocio estaba conformado por un 90%

de empresarios y solo 10% de gente que consumía el producto, esto me dejó impactado.

Había ganado mucho dinero con el negocio, pero solamente vendiendo, en su mayoría, la oportunidad de un negocio, ¿esto era algo malo? Estábamos en una empresa real, con productos reales y muy buenos, pero la verdad es que eran un poco caros para el mercado latino. Habíamos logrado crecer vendiendo únicamente la visión de prosperidad, pero teníamos que darle más peso a los clientes. Entonces me hice las siguientes preguntas: *¿cómo podemos cambiar esta situación? ¿Podemos verdaderamente construir un negocio sólido en el tiempo?* Había mucha deserción en mi negocio. La mayoría de personas no ganaba dinero porque no lograban reclutar a las suficientes personas dentro del proyecto y luego optaban por abandonarlo.

Gracias a esto, decidimos intentar darle un giro al negocio y enfocar nuestro trabajo a la venta del producto y a los clientes finales. El resultado de esto funcionó un poco, pues logramos que la gente fuera más consciente de lo bueno que era el producto y se generó más fidelización. Sin embargo, como el producto era costoso, muchas personas no podían adquirirlo con facilidad. Así que decidimos hablar con la empresa y proponer que crearan productos de la misma calidad, pero que se vendieran mejor en el mercado latino. La empresa lo entendió y lo hizo, pero, al ser productos más baratos, no se podía facturar como antes. La venta del producto nunca llegó a superar el volumen que nosotros generamos cuando reclutábamos a las personas masivamente.

El negocio se tornó más incierto, pesado y con el tiempo aparecieron otras compañías que ofrecían oportunidades más atractivas. La empresa y los líderes poco a poco fueron perdiendo fe en lo que estábamos haciendo. Además, cada vez se hacía más difícil afiliar a más personas en el negocio, porque la gente ya conocía la marca y había dejado de ser algo novedoso. Las ventas lentamente empezaron a bajar y cada vez fue más difícil generar crecimiento.

¿Cómo era posible que, después de haber invertido tanta dedicación en este negocio, apenas me daba cuenta de que no funcionaba lo que estábamos haciendo? Tomé conciencia en que los verdaderos negocios de redes de mercadeo no podían basarse únicamente en vender una oportunidad de generar ingresos o aprovechar una tendencia novedosa de "entrar al inicio"; sino que debían tener un producto o servicio que tuviera la oportunidad de venderse mejor en un mercado determinado y que, por supuesto, resolviera una necesidad real en las personas.

Durante este proceso descubrí muchas áreas que me generaban mucho interés, como el liderazgo, la psicología, el *marketing*, la persuasión, el trabajo en equipo, la oratoria, la inteligencia emocional y muchas otras habilidades blandas. Pero todos estos campos no pueden existir solos en un negocio de redes de mercadeo si la empresa no vende un buen producto a la gente.

> ¿Actualmente estás pasando por un proceso similar al que pasé yo? ¿Ingresaste a las redes de mercadeo sin saber a qué estabas entrando? ¿Quisieras saber si este es el camino por el que debes apostar los próximos años de tu vida? Este es el objetivo del libro, ayudarte a esclarecer tus dudas y darte herramientas para alcanzar resultados.

¿Qué pasó después? ¿Tuve un final feliz? Por supuesto que sí, porque creo que todo lo que nos sucede en la vida es un aprendizaje y los que viven momentos difíciles siempre son los que pueden ayudar a los demás. La historia con la empresa no terminó tan bien, años después seguimos trabajando muy duro para dar un giro y hacer el negocio más estable y beneficioso para la gente, pero era muy tarde. El árbol había crecido chueco y los dueños de la empresa no se mostraron muy interesados en enderezarlo.

Sin embargo, para mi "suerte" —nada es 100% azar—, desde el 2016 había empezado a plasmar todos mis aprendizajes en una cuenta de Youtube donde daba *tips* de cómo construir un negocio de redes de mercadeo. Fui armando una comunidad genérica de distribuidores

—con diferentes empresas multinivel— que empezó a crecer poco a poco. Mi interés, desde el inicio, fue ayudar a otros *networkers* a través de mis aprendizajes y generar un impacto positivo en ellos. Sentía que la gente debía aprender a tratar su negocio de forma más profesional y con buenas prácticas.

Después de tres años armando esta marca personal, había logrado más de cien mil suscriptores. Muchas empresas diferentes empezaron a confiar en mí, porque transmitía conocimiento de forma sincera sin quererles reclutar, y muchos líderes me empezaron a escribir para ayudarlos con sus negocios. Me di cuenta de que había encontrado un campo en donde me sentía cómodo hablando, ya que me mantenía imparcial —sin darle *marketing* a ninguna empresa— y, a la vez, haciendo una de las cosas que más me gusta hacer: enseñar.

En el año 2019 decidí dar un paso al costado en la empresa, porque definitivamente sentí que a pesar de los años de esfuerzo las cosas no iban a mejorar y, en lo personal, cada uno debe saber cuándo abandonar proyectos. En la empresa, yo seguía generando altos ingresos y dependía del negocio para vivir, pero ya era hora de hacer un cambio de rumbo.

Opté por cambiarme a otra compañía que pudiera cumplir con los requisitos que no tenía la anterior, pero al final decidí que no daría al 100% mi sacrificio como lo dediqué en la primera. Empecé a sentir que mi camino estaría más orientado como un entrenador y consultor genérico dentro del mundo de las redes de mercadeo. Y así decidí desligarme de toda empresa y empezar un nuevo camino. Muchos líderes y compañías me empezaron a contratar para dar charlas, porque les daba seguridad el que yo no perteneciera a ninguna empresa. Fue así como, en un periodo de tres años, ayudé a personas en más de cincuenta empresas multinivel.

Esto me permitió aprender muchísimo para conocer los planes de compensación, los tipos de empresas, estilos de liderazgo y diferentes estrategias que se aplican en cada compañía. Todo este proceso me animó a fundar la empresa *El camino del networker*, que tiene el mismo nombre que este libro. Puedes visitar nuestra página www.elcaminodelnetworker.com para conocer los eventos y programas educativos que ofrecemos.

Todo este proceso me animó también a escribir este libro. Siento que, al ver el modelo de negocio desde fuera y estando en constante contacto con líderes y empresas, puedo compartir al mundo de forma objetiva lo que es el multinivel, sin favoritismos, sin tapujos y mostrando la verdadera realidad. Siempre me ha gustado ayudar a otros a prosperar y a encontrar las oportunidades que necesitan. Es por eso que, para ello, un primer paso es darte cuenta de cuál es el camino que más te conviene de acuerdo con tu forma de ser y tus cualidades.

Es hora de derribar mitos y mostrar las verdades del multinivel.

"Cuida tu tiempo con gente que cuida su tiempo".

Capítulo 2

Mitos y verdades del multinivel

En este capítulo vamos a esclarecer qué cosas son ciertas y cuáles son falacias inventadas en torno al modelo del multinivel. Algunas de ellas son positivas y otras no tanto. Es hora de derribar algunos mitos y ver las cosas verdaderamente, como son.

Como ya mencioné, luego de construir activamente mi negocio por once años, decidí dar un paso al costado para trabajar como consultor y educador. Trabajé de cerca con más de cuarenta empresas y líderes de redes de mercadeo. Algo que me impresionó es que, en vez de ver cosas totalmente distintas, vi muchos patrones repetitivos que ya había observado en mi empresa anterior. En algunas compañías se ven muy malas prácticas, como la manipulación de ideas y coerción; pero en otros casos existen empresas y líderes que construyen sus negocios sólidos de forma ética. Creo que las malas prácticas existen en todos los negocios y que —en cualquier lugar en donde haya dinero— pueden llegar personas con malas intenciones. Sin embargo, esto me sirvió para irme quitando la idea de que el multinivel es un modelo perfecto donde todo funciona como en un cuento de fantasías.

A continuación, desmentiré algunos de los mitos y verdades que giran en torno al multinivel y a las redes de mercadeo:

Mito o Verdad #1: ¿El multinivel es el negocio del siglo XXI?

Existe un libro de Robert Kiyosaki llamado *El negocio del siglo XXI*, en donde se explican las razones de *por qué las redes de mercadeo son el negocio de esta nueva era*. A mi criterio, no da razones bien fundamentadas para respaldarlo. A decir verdad, parece más una estrategia de *marketing* para un sector "muy fan" de sus libros. Recordemos que Kiyosaki ha participado de cientos de conferencias de empresas MLM y es amigo de algunos dueños de estas empresas. Por eso, hacer este texto calza como una excelente estrategia para fidelizar a un sector importante de gente que lee sus libros.

No le quito mérito a la información del libro, tiene buenos conceptos, pero no hace referencia a ninguna característica única como para ver al multinivel como "el mejor negocio en este nuevo milenio". De hecho, muchas personas que hacen redes de mercadeo mencionan y gritan a los cuatro vientos que están en el negocio del siglo XXI, pero la verdad es que esto se termina percibiendo como "fanatismo", y es lo que menos necesita un negocio para que tenga buena imagen; lo que se necesitan son datos reales.

Dentro del mismo libro, Kiyosaki menciona que las redes de mercadeo son "una excelente escuela para desarrollar habilidades blandas"; creo que es un punto acertado, pero a la vez es algo que puedes desarrollar en otros lados. Por ejemplo, trabajando en una *startup* tecnológica, un restaurante o en la venta de seguros. Cualquier trabajo con buen ambiente puede ser una buena escuela de negocios, siempre y cuando encaje con el rubro que te apasiona y te dé herramientas para ser el creador de tu propio emprendimiento. De hecho, Kiyosaki afirma en su libro *Escuela de negocios* que: *Vender es la habilidad más importante en un empresario*. Creo que es cierto, te da una gran ventaja, pero también podemos demostrar que grandes empresas tienen en sus primeras filas a personas que no eran tan buenas vendiendo, pero innovaron con una gran idea y contrataron a personas que se encargaron de la distribución.

Creo que las redes de mercadeo tienen otros aspectos interesantes que valen la pena destacar, como el poder emprender sin arriesgar capital, pero no tiene mucho que ver con que sea "el mejor negocio del mundo". Para ser "el negocio del Siglo XXI", tendría que ser primeramente un sector de negocios y, segundo, tener una rentabilidad superior a otros modelos, pero no cumple con ninguna. El multinivel no es una industria ni un sector. Una industria sería el petróleo, la agricultura, la tecnología, la educación, los mercados financieros, el transporte, etc. El multinivel es más un modelo de negocios y de distribución alternativo que brinda oportunidades. Entonces, esto nos abre a otra pregunta: *¿para quién es bueno emprender en estos negocios?*

Mito o Verdad #2: ¿El multinivel es para todo el mundo?

Una de las cosas que más me incomodó de hacer multinivel, y estoy seguro que le pasa a muchas personas, es tratar de venderle a todo el mundo. Prácticamente te dicen que necesitas contactar a todos tus amigos y familiares, incluyendo a tu bisabuela. Pero seamos honestos, es difícil hacer crecer un negocio de redes de mercadeo sin proponerle a tus distribuidores que contacten a medio mundo, porque justamente así crecen estos negocios, a través de amigos y familiares. Ponte a preguntar, en una empresa de redes de mercadeo, ¿cuántas personas llegaron por un anuncio, por un contenido viral en redes sociales o por un contacto en frío? La cantidad no va subir del 10%.

La mayoría de las personas que llegan a estos negocios, lo hacen por medio de un amigo o familiar. Adicionalmente, muchos de los productos suelen ser de uso cotidiano que puedes vender a cualquier persona, por ejemplo: maquillaje, artículos del hogar, artefactos de cocina, malteadas para bajar de peso, suplementos saludables, perfumes, etc. Las redes de mercadeo crecen en esencia por recomendación boca a boca, es así y así seguirá siendo.

Pero, respondiendo la cuestión, no creo que sea para todo el mundo, ya que, para que te vaya bien, primero debe gustarte el producto que vas a vender y, segundo, te tienes que sentir cómodo en aprender a manejar el rechazo constante. Las ventas definitivamente no son para todo el mundo, es un juego de números: un porcentaje de gente te va decir que sí y una gran mayoría te dirá que no, te dejarán de hablar, te tildarán de intenso, etc. Por más postura que desarrolles y por más que elijas bien a tus contactos, debes estar dispuesto a pasar por una serie de rechazos y aprender a ser inmune a ello.

Muchos líderes *top* en redes de mercadeo, que tocan los rangos más altos de su empresa y ganan millones de dólares, son de "piel de caimán", nada les hace daño, son inmunes al rechazo y a los malos comentarios. En mi caso, fue algo muy parecido, los rechazos me molestaban y me daban cólera, pero logré verlos como un desafío. Mientras más veces me decían *no*, más ganas me daban de superarme y aprender nuevas habilidades. Era como si el rechazo fuera el combustible que aceleraba mi crecimiento. Por supuesto que me frustraba, y a veces quería tirar la toalla, pero algo en mí veía la luz al final del túnel. Hay muchos prospectos a los que no les conviene hacer multinivel, aunque nunca estaría de más que lo intenten; estas son las personas que buscan "algo seguro" y que calzan perfectamente con el camino de estudiar una carrera "rentable" que les proporcione un "trabajo seguro".

Sin embargo, ya sabemos que hoy en día las personas que buscan "lo seguro" terminan más perjudicadas, ya que, si no tienen buenos hábitos de ahorro, terminan desempleadas y quebradas. Esto podría ser todo un capítulo entero de "por qué, hoy en día, el camino del empleo es tan riesgoso", pero creo que es algo que Kiyosaki ya nos explicó en sus cientos de libros. En conclusión, esto es para las personas que creen mucho en un producto y están dispuestos a aprender a ser buenos en ventas. Adicionalmente a estas, hay cierto tipo de personas a las que les va muy bien en redes de mercadeo y otras que no; las describo a continuación:

1. **Prefieres hacer lo básico en vez de pensar en estar innovando.** Un *networker*, el que hace redes de mercadeo, no es el que crea; sino el que ejecuta y lidera. Entonces, debes ser una persona práctica, que continuamente aplica solo una estrategia y toma acción masiva durante mucho tiempo. Por ejemplo, promocionar los productos, presentar el negocio, dar inducción a los nuevos

distribuidores y dar capacitaciones explicando las acciones simples.

Si eres de las personas a las que les gusta estar creando cosas constantemente, probablemente te vas a frustrar, porque tú no eres el dueño de la empresa y no estás en control de los productos o el plan de pagos. Lo que tú controlas es la exposición y *marketing* a nuevas personas.

Para algunos, puede ser un poco monótono el negocio, pero para otros es más práctico y seguro, ya que no tienen que estarse preocupando por demasiadas cosas, a comparación de la situación que le pasa a un dueño de la empresa. Si te gusta encargarte de todo o tienes una vena creativa, probablemente el multinivel no encaje contigo, porque vas a estar queriendo cambiar cosas que en verdad están fuera de tu control y te quitan productividad.

Si, por otro lado, te gusta hacer algo práctico y repetitivo sin complicarte la vida, ahí sí puedes encajar en el modelo. Personalmente, durante muchos años me enfoqué en lo básico, pero a veces me distraía queriendo cambiar el sistema de pasos o inventándome nuevas estrategias para no aburrirme; pero, cuando me alejaba de lo simple, mi negocio se estancaba.

Es porque, en mi caso, sí tengo una vena creativa; y no la estaba usando con mi negocio. Recuerdo que, un día, decidí crear mi propio curso *online* de redes de mercadeo. Y me sentí muy realizado, porque yo creé cada pedacito de ese programa y empecé a descubrir mi verdadera esencia. Probablemente esta fue una de las cosas que me hizo buscar nuevos caminos, no un tema de dinero —que ya lo estaba ganando—, sino un tema de satisfacción.

2. **Te gusta ayudar a las personas.** Sin duda, un líder en redes de mercadeo o en cualquier otra área tiene que ser una persona muy entregada y servicial. Te tiene que gustar estar con personas. Estar ahí por ellos y, muchas veces, hacer sacrificios para ponerlos por delante. Esto puede ser un poco desgastante para personas un poco egoístas o solitarias. Si eres una persona solitaria, o eres alguien a quien se le hace estresante trabajar con personas, tal vez el multinivel no sea para ti.

Por ejemplo, tengo un conocido al que se le caía la red cada vez que su equipo crecía, y era porque no se llevaba muy bien con las personas, no tenía paciencia y, en el fondo, no quería cambiar. Luego se metió a estudiar *trading*,[2] a raíz de la red, y ahí le empezó a ir mucho mejor. En el caso del *trading*, él no necesitó relacionarse con nadie, nada más se dedicó a analizar gráficos e interactuar con

---

2 Por *trading* se entiende que son los negocios de compra y venta, de activos, en los mercados financieros.

una computadora. Su personalidad encajó mejor como *trader*. Si no tienes paciencia y pasión por acompañar a las personas, será difícil que triunfes en el multinivel.

3. **Te gusta pertenecer a una comunidad.** Esto es universal, a todos nos gusta el sentido de pertenencia. No obstante, hay algo muy cierto, recuerdo que durante la pandemia de la COVID-19 me enfoqué netamente en hacer cursos y mentorías para *networkers* de diferentes países, todo de forma virtual; pero, de alguna forma, me sentía solo, era yo contra el mundo. Era genial, porque yo mismo me organizaba y ganaba muy bien, pero no tenía una comunidad o tribu de la que me pudiera sentir parte. Hasta que, unos años después, fui a un evento de MLM y recordé un aspecto que me encantaba del negocio, cuando recién me involucré: que nunca estaba solo, hice muchos amigos y recordé que así el negocio se disfrutaba el triple. Esto le pasa a muchos emprendedores.

El camino del emprendimiento, al inicio, es duro porque uno se siente solo, salvo que tú mismo crees tu comunidad. El multinivel sí te lo da, te da esa comunidad de soporte. Claro, puede ser que tengas mala suerte y esa comunidad no conecte contigo, pero puede ser que logres encontrar otra mejor. De igual forma, no te aconsejo unirte a un multinivel solo por la comunidad, así no ganarás dinero.

Mito o Verdad #3: ¿Todo el mundo puede lograr libertad financiera con este negocio?

En las charlas de ventas y motivación de empresas multinivel veo que muchas personas promueven sus negocios como el vehículo para la libertad financiera, pero creo que los que promulgan estas ideas a veces no son conscientes de lo que ello significa. Hace poco un seguidor de redes sociales me escribió y me dijo que se había unido a una nueva red de mercadeo, era la octava compañía a la que ingresaba, y me decía: *Mihail, las redes de mercadeo fueron el negocio que me hizo abrir los ojos y estoy seguro de que algún día lograré la ansiada libertad financiera con este negocio.* Creo que él no había entendido lo que es libertad financiera y solo estaba cerrado a la idea de que el multinivel era el único camino para él, pero venía intentando ya por años lo mismo sin ningún progreso. Lo que le sugerí fue que viera si sus habilidades se alineaban con lo que se hacía en el negocio y si estaba dispuesto a hacer los sacrificios necesarios, porque, si no, de repente lo que más le convenía era probar con otros modelos de negocio hasta encontrar uno que encajara bien con él.

Creo que una de las cosas que más daño le hace a la gente es obsesionarse con la idea de libertad financiera sin entender lo que implica. Libertad financiera significa que tus ingresos pasivos son mayores a tu costo de vida. Pero los ingresos de un negocio multinivel no son siempre pasivos y eso es un punto importante a considerar.

Además, creo que no es inteligente decir que eres libre financieramente si tienes solo una fuente de ingresos. Creo que lo más saludable para pensar en libertad financiera es primero pensar en independencia financiera y en construir un negocio que te dé un flujo constante de efectivo y, luego, recién pensar en diversificar tu dinero en numerosas inversiones para ser libre financieramente. En mi opinión, las redes de mercadeo no te hacen libre financieramente, lo que te da libertad financiera es la diversificación que haces con los ingresos que ganas en tu negocio multinivel.

Lo que creo que la gente necesita es ver a las redes de mercadeo como una oportunidad seria para construir un flujo de efectivo, pero no como la única opción ni mucho menos tratar de romantizar el modelo de negocio. Personalmente creo que este es un cuento sin fundamento que se predica en muchas empresas, que el multinivel es el único vehículo para lograr libertad financiera. A veces puede ser solo un argumento manipulativo para que no te rajes, tal vez puede que lo que más te convenga sea rajarte y probar otros negocios. Pero para responder mejor la pregunta, déjame decirte que, ganar mucho dinero, no tiene nada que ver con el multinivel, tiene que ver con otros factores, a veces del mercado y a veces factores personales.

Si quieres ganar mucho dinero en redes de mercadeo debes considerar dos factores: el vehículo y el piloto.

A. El vehículo: estar en la empresa correcta define mucho el potencial de ganancias.

Esto lo veremos más a detalle en el siguiente capítulo donde hablaremos de las variables para escoger la empresa correcta para ti. Sin embargo, debo hacer hincapié en que, por más buen *networker* y empresario que te consideres, si manejas una carcochita del año cincuenta no vas a poder lograr grandes resultados. La empresa en la que estés importa, debe ser una empresa con un producto único que se diferencie del mercado, que esté en un buen momento, que esté en un sector con potencial.

B. El piloto: tus habilidades y experiencia definen también tu potencial de ganancias.

Este segundo punto es igual de importante, porque explica cómo hay personas que crecen a pesar de la competencia y a pesar de haber llegado años después a la empresa. Si tu conoces el sector y tienes experiencia, vas a poder crecer mucho más rápido. Pero también debes considerar si tus habilidades y tu personalidad se acomodan a este tipo de negocios. En mi opinión, este conocido que te mencioné que pasaba de compañía en compañía no se daba cuenta de que el multinivel no encajaba con él y seguía cegado con la idea de que este era el único camino para la libertad financiera. El camino seguro para destacar por encima de los demás es encontrar un negocio que se alinee con tus fortalezas.

Creo que hay personas que hacen redes de mercadeo como su única oportunidad cuando el mundo está plagado de opciones, tal vez por falta de educación e información. No queremos que el multinivel sea una secta de personas con poca educación de negocios. Por ello, espero que el libro pueda esclarecer dudas en esos casos. Así como hay muchas personas que se aferran a un trabajo seguro, hay gente que se aferra a su empresa de redes de mercadeo, cuando lo que más les puede permitir conocerse y crecer es exponerse a nuevos retos.

Tengo unos amigos que estaban en mi organización y les costaba mucho hacer el negocio, y para poder pagar sus productos mes a mes pusieron un negocio de *delivery* de almuerzos. Su negocio de almuerzos creció tanto que se extendieron a diferentes países como Colombia y México y, hoy en día, son una de las *startups* más exitosas de Perú. Hoy en día son más que millonarios. Y todo empezó como una venta de menú para pagar su autoconsumo. Esto seguro se dio por estas 5 variables, pero seguramente más por la última, ya que encontraron un negocio que encajó con sus habilidades. Conozco historias que han sucedido al revés, gente que no triunfó en el sector tradicional y llegan a las redes de mercadeo y les va excelente. Pues aquí el secreto es el famoso *self-awareness* (autoconocimiento), que significa saber en qué eres bueno; si aún no lo descubres prueba cosas nuevas hasta encontrarlo y, una vez que lo encuentres, métete a eso de lleno.

En conclusión, llegar a la libertad financiera puede ser una buena meta a largo plazo, pero primero debes enfocarte en construir un negocio robusto que te dé flujo constante. Los negocios multinivel son modelos inteligentes que te pueden ayudar a alcanzarlo más rápido, pero no será un camino sencillo, sobre todo porque estos negocios al inicio son más de sembrar. Para ganar buen dinero tienes que construir una organización robusta que te genere un apalancamiento y eso toma tiempo y exige paciencia.

Mito o Verdad #4. ¿El multinivel tiene mala imagen por culpa de las pirámides?

Las redes de mercadeo son un negocio sin barreras de entrada, eso significa que cualquier persona puede ingresar sin necesidad de pasar por un proceso de selección y tampoco hay un filtro económico; en muchas de estas empresas te puedes inscribir de forma gratuita o con menos de $200. Entonces, al ser un negocio tan abierto, llegan todo tipo de personas, gente que sabe vender y gente que no, gente que tiene buenos valores y gente que no.

Esto es algo que nunca va cambiar y, para mí, es una gran ventaja porque es un negocio inclusivo que permite darle la oportunidad a personas que tienen pocas opciones para crecer. Cuando uno escucha historias de éxito en este modelo, es imposible no emocionarse; pero, al mismo tiempo, esta cualidad hace que tenga riesgo de malas prácticas, sobre todo porque cada uno puede hacer el negocio a su manera, comunicarlo como quiere y sobrevenderlo si le da la gana.

Seamos honestos, no podemos tapar el sol con un dedo. Hay muchas personas que desconfían del multinivel como si fuera un negocio donde te estafan, pero nosotros sabemos que no es así. Entonces, ¿a qué se debe ese mal concepto? Los negocios multinivel son legítimos y hay empresas que llevan más de setenta años operando de forma sólida. ¿Será que la mala imagen se debe a los esquemas Ponzi que salen cada cierto tiempo y la gente los confunde con multinivel? Yo pensaba que la culpa la tenían las pirámides y sí, pueden influir un poco, pero no es la razón real. Me he dado cuenta de que "la mala fama" de este negocio se debe a las prácticas que las mismas personas realizan dentro de sus empresas. Estas son las razones, en mi opinión:

1. **Sobreventa de productos:** la sobreventa es cuando sobreadornas algo para que la gente te crea y te compre. Por ejemplo, un suplemento antioxidante lo venden como un producto bueno para todas las enfermedades y que, para colmo, cura males emocionales como infidelidad o depresión. Otro ejemplo son los productos que te garantizan bajar de peso en tiempo récord

sin hacer dietas, o servicios de inversión que te muestran ganancias impresionantes.

Lamentablemente, hay empresas que ponen promesas irreales y llegan a un mercado de gente con poca educación, que cree en estas soluciones mágicas. Esto no es algo que solo sucede en el multinivel, por supuesto que pasa en otros negocios, pero es un factor que hay que considerar. Lo que se necesita es regular mejor las afirmaciones que se pueden decir, por ejemplo: algunas empresas ya prohíben que sus distribuidores digan palabras que exageren como "curar", "prevenir", "garantizar", etc.

A pesar de que uno piense que estas prohibiciones complican las ventas, lo cierto es que es algo saludable para el modelo, porque así se puede ir erradicando este problema de la sobreventa. Esta es una razón, pero no influye tanto como la segunda, que es la que más impacta en manchar la imagen del multinivel.

2. **La irreal promesa de "gana dinero rápido, de forma fácil" o la de "sé tu propio jefe y cambia tu vida en poco tiempo":** en las presentaciones de negocios, vemos cómo se muestran ganancias increíbles, gente viajando, recibiendo autos nuevos y una serie de resultados que impresionan a cualquiera que quisiera prosperar y que no logra escapar de su trabajo tradicional. Y,

por más que esos resultados sean reales, la verdad es que muy pocas personas lo van a alcanzar.

Menos del 3% de los distribuidores logran rangos altos y más del 90% no logran generar ni si quiera un ingreso para pagar su consumo/activación. Lamentablemente, esta información no te la va a dar ninguna empresa porque, en caso de saberla, no venderían nada. De hecho, en algunos países las empresas están obligadas a publicar los potenciales de ganancias reales en su página *web*, pero muchas veces lo esconden al final de la página en letras chiquitas.

No quiero desanimarte, pero es importante saber los números y, de hecho, si quisieras encontrar una buena empresa multinivel para emprender, primero te convendría analizar cuánto es el ingreso promedio por distribuidor.

Entonces, ¿cómo es posible que el multinivel pueda tener buena imagen, cuando menos del 10% de la gente va a ver ganancias? Pues es complicado, porque vas a tener miles de personas decepcionadas, que no quieren saber más porque les prometieron algo que no se cumplió. Entonces, ¿cómo se podría evitar esto? Creo que básicamente hay dos soluciones, la primera es que se haga más énfasis en promover el producto o servicio hacia clientes y no solo fomentar que se promueva el negocio.

Es más fácil vender cuando tú ya tienes un testimonio con el producto y es aún más fácil vender el negocio cuando tú ya tienes clientes mes a mes. Esto hace lento el crecimiento, pero es más saludable. Sin embargo, cuando le comento esto a mis alumnos, me dicen: *Mihail, pero yo quiero crecer rápido, no me obligues a hacer estrategias lentas.* Entonces, no nos quejemos de la mala imagen si nosotros contribuimos a generarla.

Si tu afilias a tu negocio a cien personas, la estadística te dice que solo nueve van a ver resultados y ochenta y uno no. En cambio, si le vendes un producto bueno a cien personas, más del 80% van a tener resultados; lo que significa que tienen una experiencia positiva con la empresa y están predispuestos a recomendarla. Liderar con la venta mejora la imagen del multinivel, promover solo el negocio la empeora.

Pero, siendo honestos, esto es inviable. Pedirles a las personas que hagan algo que va a volver su negocio más lento, es inviable. La gente va a preferir fomentar el negocio porque les da el crecimiento acelerado; les van a importar "tres pepinos" si se genera mala imagen y van a seguir enfocándose en ello, porque es más rentable a corto plazo. Por esa razón, la verdadera solución es la segunda, que consiste en regular legalmente las prácticas del multinivel. ¿De qué forma? Haciendo requisitos que obliguen al distribuidor a tener más clientes que distribuidores y a tener un mínimo de clientes para poder inscribir o generar ingresos por tener una organización.

En algunos países de Europa funciona así, las empresas de venta directa no permiten a sus distribuidores afiliar a ningún socio antes de tener, por lo menos, cinco clientes; así se logra que haya un ingreso fijo por clientes y que a la persona se le haga más natural vender el negocio. Esto deshace a los oportunistas que llegan al multinivel a vender humo.

En conclusión, la solución escapa de nuestras manos. Si queremos mejorar la imagen de las redes de mercadeo, tienen que haber leyes regulatorias que lo protejan. Mientras tanto, vas a tener que seguir construyendo tu negocio escuchando comentarios negativos; pero si lo haces con buenas bases y eres consciente de lo que aprendiste en este libro, vas a tener un negocio con mejor imagen, mucho más estable en el tiempo y más lucrativo que las demás personas.

Aprendiendo a diferenciar un multinivel real de un sistema Ponzi y de pseudopirámides

Existen los sistemas fraudulentos, que se hacen pasar por redes de mercadeo y logran repartir mucho dinero mientras se está reclutando a personas de forma masiva.

Estos sistemas resultan superatractivos, porque pagan mucho más que una red de mercadeo. Sin embargo, debes tener mucho cuidado, porque suelen sonar muy reales, pero la realidad es que engañan a mucha gente.

Hace un par de años, un amigo que estuvo en mi equipo decidió moverse a otra empresa de multinivel, pero esta no cumplió con las expectativas que él tenía, porque sentía que el crecimiento iba ser muy lento y a la gente le parecía caro el servicio que tenían. Él sentía que necesitaba encontrar el vehículo que lo llevara a la libertad financiera. Obsesionado y sesgado por esta idea, terminó creyendo en una oportunidad que le vendieron como una red de mercadeo, pero, en el fondo, no lo era.

Era un sistema donde te decían que usaban tu capital para invertirlo en criptomonedas, con un grupo de expertos en mercados financieros, y también les comentaron que, parte de su capital, estaba invertido en acciones de una empresa que se dedicaba a elaborar productos a base de cannabis que estaba sonando como el próximo *"boom* comercial". Esta oportunidad te prometía pagar, mes a mes, con una rentabilidad del 10%; lo que significaba que en diez meses recuperabas tu inversión sin hacer nada y empezabas a ganar a partir de ahí. Después, le dijeron que, si reclutaba a nuevos inversionistas, aceleraría el pago de su rentabilidad. Le pareció superinnovador y, como era solo invertir dinero, sería muy fácil de vender.

Ingresó y empezaron a crecer rápidamente. La gente estaba emocionada porque recibían pagos en *bitcoins* todas las semanas. Al cabo de unos meses, la gente estaba tan contenta y eufórica con la oportunidad, que construyeron una red con más de mil inversores. Así, siguieron creciendo hasta que, después de dos años, la empresa comenzó a mostrar algunos problemas, ya que empezaron a retrasar y reducir los pagos.

Mucha gente había dejado de entrar y eso ocasionó que el sistema colapsara lentamente. Miles de personas no pudieron recuperar su capital; lo peor de todo es que no sabían dónde estaba y tampoco tenían la certeza de si, realmente, la empresa solía hacer lo que decía. Si el dinero salía de las inversiones, ¿por qué se estancó? Le echaron la culpa a la caída del mercado de criptomonedas y se lavaron las manos con eso. Mi amigo quedó muy decepcionado y su imagen perjudicada. No se dio cuenta de que había ingresado a una pirámide.

Si ves que una empresa ofrece ingresos superatractivos, ten mucho cuidado. Recuerda que ninguna empresa puede pagar más del 50% de sus ventas, a menos que se use el dinero de la gente que ingresa, lo cual es una bomba de tiempo. Si ves alguna de estas características en la supuesta empresa multinivel, es mejor que la descartes como opción para emprender. El dinero no crece en los árboles, requiere paciencia y primero se debe aportar un valor a la sociedad para recibirlo después.

Pero aquí aparece otro tema: pueden haber redes de mercadeo legales, pero que sí incurren en malas prácticas. Por eso no solo te debes guiar de si una empresa está registrada y regulada, sino que también necesitas ver y analizar bien su forma de crecer. Para hacértelo más fácil, te mostraré, a modo de ejemplo, que existen tres tipos de empresas: las pirámides, las pseudopirámides y las redes de mercadeo legítimas.

1. **Las pirámides o esquemas Ponzi**

    Una pirámide es un sistema que recauda dinero de las personas y les va pagando rentabilidades elevadas sin hacer nada. El dinero que usan para pagar esas rentabilidades sale del capital que van colocando las personas nuevas que ingresan en ella. Entonces, es un sistema que funciona cuando está entrando más gente —mientras más personas haya, más gente debe ingresar—. En el momento en el que dejan de entrar personas, se desacelera el crecimiento, deja de haber dinero para pagar a las cabezas y, los primeros en ser afectados, son los que no pueden recuperar su capital.

    En una pirámide, algunos ganan dinero y muchos pierden. Son ilegales porque siempre colapsan y usualmente los que tejen estos sistemas se enriquecen muchísimo a costa de engañar a las personas. El tema es que nunca te van a decir que es una pirámide, lo van a esconder detrás de un "producto excusa" o de un "sistema de inversión" en criptomonedas, acciones, oro, diamantes, Forex o algún fondo desconocido.

    Las pirámides cada vez se hacen más sofisticadas y últimamente lo que han hecho ha sido reducir su rentabilidad para que no sea escandaloso y el sistema no colapse tan rápido; pero solo lo retrasan y al final terminan cayendo. En los últimos cinco años, ha sido el *boom* de las redes de mercadeo y de servicios; gracias a esto, muchas pirámides han aparecido con la excusa de ser una empresa que te da un servicio de inversión. ¿Cómo puedo identificar esas empresas? Sencillo, si el dinero que paga las comisiones viene del reclutamiento de nuevas personas, y no del consumo del producto o servicio, es pirámide.

¿Podría existir una red de mercadeo legítima, bien manejada, que ofrezca servicios de inversión de capital?

Es muy complicado, para que funcione, tu capital no puede ser tocado, y el margen que generen debe alcanzar para pagar comisiones y tu rentabilidad. Hace poco hablé con un amigo que lleva más de siete años haciendo inversiones en Forex y ha hecho mucho dinero. Me contó que su rentabilidad promedio no supera el 5% mensual en toda su historia. Entonces, ¿cómo es posible que una empresa "multinivel" te pague 10% o más de forma segura, más todas las bonificaciones de rango o equipo? Es sencillamente inviable.

En mercados financieros, siempre hay meses buenos; pero también existirán meses en los que vas a perder. Para que una empresa asegure una rentabilidad, debe haber algo raro detrás; o sea, usar el dinero de inscripciones para pagar comisiones. Ni siquiera los bancos te aseguran una rentabilidad cuando ponen tu dinero en los míseros fondos mutuos. Y tú, ¿le crees a un sistema poco conocido, donde sí te aseguran un porcentaje? Una red de mercadeo reparte, en promedio, un mínimo de 40% del margen de sus productos en un plan de pago.

¿Cómo harías eso con una red de mercadeo de inversiones? Necesitarías que un *trader*, o un experto en inversiones, te genere más del 40% al mes con el capital que dan sus inversionistas para poder pagar esas comisiones y sostener el plan de pago. Esto resulta casi imposible, no existe ninguna inversión pasiva —tan agresiva— que sea segura y estable en el tiempo. La única forma en que puede funcionar, es que le den vuelta al dinero de las personas para pagar comisiones y el servicio termina siendo una cortina de humo. Tal vez, si invierten parte de su fondo podría funcionar, pero solo lo que les sobra. Entonces, si ya sabemos cómo van a terminar y cuánta gente se va quedar afectada, ¿por qué nos sentimos tentadas a ellas? Porque es dinero fácil, y por esa razón nunca van a desaparecer; las estafas no existirían si no hubiera personas que viven con la fantasía de generar mucho con poco esfuerzo. Mi recomendación, para que no caigas en estas estafas, es la siguiente:

- No inviertas en algo que no entiendes. Un principio clave de inversión es conocer bien el negocio en el que estás invirtiendo; si no sabes cómo se mueve tu dinero, mejor no ingreses. Las pirámides tratan de complejizar todo para que sea difícil de entender y no te quede de otra más que confiar.

- Si las personas que están detrás de ese proyecto han estado involucradas en estafas, sal corriendo. Y si dicen ser personas con mucho recorrido, pero no encuentras nada de información en Internet de ellos, sal corriendo también.

- Si te muestran una rentabilidad muy alta (mayor al 8% o 10% mensual) y te aseguran una cifra de porcentaje, ya es una señal de alarma, sal corriendo.

Las pirámides seguirán mutando y los estafadores se apalancarán de la siguiente tendencia para venderte algo nuevo. Mantén un sentido crítico y cuestiona lo que te muestran, pero, sobre todo, no dejes que el deseo de ganar más dinero te ciegue.

2. Las pseudopirámides

Existen redes de mercadeo que tienen productos de alta calidad, se mantienen innovando, aportan mucho valor al mercado y ayudan a emprender a la gente; pero hay un grupo de empresas que hacen las cosas mal. Estas son redes de mercadeo legales, que venden un producto o servicio y no usan el dinero de la gente para darle vuelta y pagar comisiones; o sea, que no van a colapsar como las pirámides.

Sin embargo, en la práctica funcionan como especie de pirámides y debes aprender a reconocerlas. A estas empresas yo las llamo "pseudopirámides", porque pueden vender algo; pero algo que nadie necesita, a un precio exageradamente elevado. Solo se enfocan en promover el negocio y, finalmente, mucha gente termina sintiendo que perdió tiempo y dinero. Un ejemplo que vi hace poco, era el de una empresa que vendía un servicio de educación en *trading*; hay que aclarar que no estoy afirmando que todas las empresas de este tipo sean pseudopirámides. El precio del curso era extremadamente caro, en comparación a las academias que se ven en Internet; pero, como se les hacía difícil vender el producto, se dieron cuenta de que lo único "rentable" era promover el reclutamiento de nuevas personas al negocio. Incluso escuché, directamente de los líderes, decir: *Aquí el negocio está en hacer la red, porque la gente no gana por hacer trading.*

¿Cómo es posible que el líder sea alguien que ni siquiera usa o confía en el servicio que vende su compañía? Al final, lo que sucedió en esa empresa fue que los líderes llegaron a rangos muy altos, con ingresos exuberantes; pero, poco a poco, se empezó a derrumbar porque la gente nueva no ganaba dinero. También he visto algunas empresas de suplementos, sumamente costosos, que tratan de venderlos en sectores económicos bajos, donde no tienen la capacidad económica de consumirlos. ¿Qué explicación tiene esto? Otros ejemplos que he visto son algunas compañías de viaje que venden membresías con descuentos increíbles, pero cuando los comparas con otras plataformas de Internet, te das cuenta de que el precio es prácticamente el mismo.

Entonces, ¿para qué comprar ese producto o servicio si no conviene? La única razón: lo rentable no es usar ni recomendar el producto, sino el entrar al negocio para atraer a más personas. No es una pirámide, porque tiene un producto y las comisiones salen de sus ventas, pero en la práctica termina funcionando como Ponzi, porque la gente compra algo que no necesita con la esperanza de ver ingresos y se desaniman cuando no logran reclutar. No estoy afirmando que todas las empresas de *trading*, viajes o nutrición sean "seudopiramidales", sino todo lo contrario. Existen muchos casos ejemplares que nos hacen creer nuevamente en el multinivel. Lo importante es que su producto o servicio sea algo útil que aporte un valor real a la gente más allá del negocio.

Si en algún momento sientes que el único interés de los líderes es que te pongas a reclutar y pienses poco o nada en la venta hacia clientes, tómalo como una alerta. A la hora de conocer una empresa, no debemos creer todo lo que nos dicen en la presentación, sino, de preferencia, hacer una investigación. Lo que yo respondo a todas las personas que me piden ayuda, para decidirme por una empresa, es: *primero, no tener apuro y, segundo, probar los productos o servicios antes de animarse a recomendarlos.* Una pregunta importante, que nos deberíamos responder con suma sinceridad, es *si no hiciera parte del negocio, ¿compraría este producto o servicio?* A veces, nuevamente, el deseo de generar ingresos de forma rápida nos puede hacer decidir mal.

3. Las redes de mercadeo legítimas y reales

A estas alturas del capítulo, debes estar pensando que todo el modelo está corrompido por prácticas engañosas; pero no es así, existen empresas ejemplares que hacen las cosas muy bien. Para darte cuenta cómo debe funcionar una empresa multinivel, debes fijarte en las compañías que llevan varias décadas y se mantienen en pie. Inclusive, para mí, las más ejemplares son las empresas de venta directa, de las que ni siquiera se sabe que son multinivel, pero que realmente lo son.

La característica principal de estas compañías es que tienen productos o servicios verdaderamente útiles, innovadores y a un precio acorde al mercado. La actividad principal de sus distribuidores es la venta a los clientes finales, ya sea la captación o la fidelización para recompra. Por ejemplo, tengo una conocida que me vendió un filtro de agua y, cada seis meses, me vende un repuesto para el filtro. Ella tiene una amplia lista de clientes y se comunica conmigo para mantener una buena relación, me ayuda y me orienta; además, maneja una red de distribuidores que le representa un ingreso fijo muy interesante.

Otro caso, es el de un amigo que está en una red de mercadeo de suplementos para bajar de peso. Él no solo vende las malteadas, sino que asesora a sus clientes para que tengan buenos hábitos y mantengan su porcentaje de grasa. Además, ha ido reclutando y animando a ciertos clientes para volverse distribuidores. También tengo un conocido que está en una empresa de educación en *trading*; él menciona que dan un valor diferencial con otras academias, y es que te acompañan mucho en el proceso de aprender a invertir en los mercados financieros para, verdaderamente, formar a las personas.

> La clave, en una red de mercadeo real, es que se sienta que lo más importante es el producto o servicio de la empresa; recuerda que el producto es el negocio.

Algo que se ve mucho en estas empresas, es que la mayoría de los distribuidores fueron clientes antes de decidirse a hacer el negocio, lo que vuelve al proceso saludable; ya que demuestra que el producto es el eje principal de la empresa. Lo que hace sostenible a estos negocios es que siempre hay un mercado que quiere comprar los productos, y la gente que hace el negocio solo debe aprender a vender de forma eficaz para lograr una meta de ingresos. Aquí, los líderes de alto rango gozan de un ingreso residual estable porque, ya sea que ellos estén o no haciendo su negocio, miles de clientes compran un producto mes a mes. Los verdaderos ingresos estables provienen de la recompra de clientes y no de la afiliación de los distribuidores.

Capítulo 3

Variables para elegir la empresa correcta

Hay una frase que dice: *es inteligente aprender de tus propios errores, pero es sabio aprender de los errores de los demás*. En el capítulo 1 te conté a través de mi historia cómo pude construir un negocio multinivel que facturó muy bien, pero que, a pesar de todo, no tenía los cimientos necesarios para ser estable en el tiempo. Por mí falta de experiencia, elegí una empresa que no tenía las variables correctas.

En segundo lugar, con el capítulo 2 esclarecimos los mitos y definimos que el multinivel no es para todo el mundo, que, como cualquier negocio, va a tomar esfuerzo y dedicación alcanzar el éxito. También aprendiste a diferenciar las empresas que hacen las cosas bien de las que hacen actividades engañosas. Ahora, en este capítulo, quiero ayudarte a identificar la empresa correcta para ti, el vehículo que necesitas para tener éxito.

Un piloto de Fórmula 1 no solamente tiene que ser un buen conductor, sino que también debe tener el automóvil más rápido y eficiente. ¿Sabías qué los automóviles que están en el *ranking* 10 o 20 no son tan buenos como los de los primeros cinco? Esto significa que los mejores conductores no podrían ganar una carrera con un automóvil de los puestos inferiores.

Así como en el mundo del automovilismo el vehículo es la clave, también lo es en un negocio de redes de mercadeo. Por supuesto que, una vez que elijas la empresa, nada estará asegurado y todo dependerá de ti. Pero antes de hablar sobre cómo construir una organización exitosa (capítulo 4), aseguremos las bases eligiendo la compañía correcta.

Siempre vas a escuchar opiniones diferentes en torno a cuáles son las mejores características que debe tener una empresa multinivel. ¿Lo más importante será el producto? ¿Será el tipo de plan de compensación? ¿Será la que tiene un mejor sistema educativo? ¿Qué tan importante es la antigüedad de la empresa? ¿El equipo de trabajo al que me uno es esencial? ¿Son mejores las empresas de productos o servicios? Puede ser que te marees con tantas variables, por eso quiero compartirte cuáles son las que verdaderamente importan. Así que, si estás dudando de tu vehículo, disiparemos esas dudas ahora.

Un producto o servicio ganador

Lo más importante, sin duda, para elegir una empresa multinivel donde emprender, es la convicción que tengas con el producto o servicio. Como te comenté en mi historia, tu empresa puede tener a los mejores líderes, un plan de compensación único en el mercado, un *marketing* increíble o estar en su inicio, pero si no tiene un producto que la gente quiera comprar, con un precio accesible y que sea verdaderamente bueno, tarde o temprano el negocio va dejar de funcionar.

Las redes de mercadeo nacieron en la década de los cincuenta como empresas de venta por catálogo, con amas de casa que hacían *marketing* de recomendación. El multinivel es en esencia *marketing* de recomendación, solo que se ha sofisticado para ser un negocio más robusto. Pero la esencia estará siempre en recomendar algo que nos funcionó, si no, todo lo demás deja de tener sentido. Hoy veo que muchas personas edifican las redes de mercadeo, pero el modelo no es suficiente si tú no sientes una conexión con lo que recomiendas. Por esta razón, como mencionaré en el capítulo 4, el primer paso para el éxito es ser testimonio de lo que vendes. Este es el único camino.

Por otro lado, el producto o servicio de tu empresa debe tener algo más que lo hace único, el multinivel no funciona con productos primarios; o sea, no puede ser azúcar, champú, talco, botellas de agua, etc. Tiene que ser algo con un valor agregado. Querramos o no, el plan de compensación encarece ligeramente los productos;

por esa razón, no podemos competir con lo que venden los supermercados. Los productos y servicios ideales que se venden en redes de mercadeo deben ser únicos, con alguna característica adicional y a la que le sumamos el acompañamiento y la asesoría constante.

Como te recomendé en el capítulo anterior, te aconsejo empezar como cliente de la empresa para comprobar, por ti mismo, si es bueno lo que usas o si vale la pena recomendarlo. ¿Qué pasaría si, de repente, te das cuenta de que no te convence y no te arriesgas a compartirlo con nadie? Es mejor estar seguro de lo que uno va a recomendar, si no, podrías perjudicar tu propia imagen. No te dejes cegar por las ganancias si el negocio se ve jugoso, no va a dar si no funciona esta primera variable.

El plan de compensación

Es muy difícil, para una persona nueva en redes de mercadeo, poder entender a fondo cómo funciona un plan de pago a detalle, pero déjame hacértelo ver de la forma más sencilla posible. Es cierto que las redes de mercadeo dejan de invertir en *marketing* tradicional y gastan este presupuesto a través del plan de comisiones. Esto es muy inteligente para las empresas de multinivel (pagar el *marketing* después de que se vendió el producto), ya que en el sector tradicional sucede al revés. Esto le da cierta seguridad al modelo. Pero, ¿qué beneficios debe darme un plan de pago para poder ser lo más rentable posible?

Un plan de pago no puede pagar más de 50% o 70% de sus ventas. Esto significa que, por cada $100 que la empresa vende, máximo va a poder repartir del 50% al 70% en comisiones. Si no, no podría pagar sus otros costos: sueldos, producción, impuestos y utilidades, entre otros. En otras palabras, dentro del precio del producto o servicio está incluido el margen que se va a pagar en comisiones.

De los 10 o 20 bonos que tiene tu empresa, forman máximo el 40% o 70% de ese margen de ventas destinado a comisiones, conocido como *payout*, que es el porcentaje de ingresos que se va en las comisiones. Por eso, los bonos y rangos en redes de mercadeo tienen condiciones y requisitos a cumplir, esto es para no pagar más de lo que pueden; si pagan más, podrían llevar a bancarrota a la empresa. Es importante que entiendas esto, ya que hay personas que piensan en que se deben hacer trucos con los bonos para sacarle el jugo al plan de pago; pero solo terminan afectando a la economía de la empresa, que es lo mismo que dispararse al pie. Entonces, ¿qué debo ver en un plan de pago para saber si es bueno? Para responder esa pregunta, te dejo algunas características importantes que debes tener en cuenta:

1. **Tener comisiones atractivas para la venta directa.** La primera forma de generar ingresos en un negocio multinivel es la venta, y el 90% de las personas que desarrollan el negocio ganan ma-

yormente por ellas. Es la única forma en la que puedas tener un negocio sólido, que haya mucha gente vendiendo y que vean un buen dinero por hacerlo. Vender es la actividad más saludable de un negocio multinivel. Una empresa debe pagar un porcentaje atractivo por vender; de lo contrario, no va a ser rentable para las personas tener clientes y no podrán construir un negocio sólido.

2. **Bonos que incentiven a mantener rangos y no solo alcanzarlos.** Esto hace que la gente le dé más valor a los rangos sólidos que solo al reconocimiento. Esto genera una cultura de congruencia, donde los líderes no solo son reconocidos por su nivel alcanzado, sino que mantienen, en su mayoría, esos ingresos. Finalmente no tiene sentido hacer un negocio solo para llegar a un rango, sino para que tengamos un ingreso constante que pueda aportar a nuestro estilo de vida.

3. **Bonos que piden como requisito tener líderes con rangos sólidos.** Esto permite que no solo crezcamos en facturación, sino que ayudemos a otros a tener un ingreso estable para su negocio. En otras palabras, el plan de pago nos fomenta a ser mejores líderes.

4. **Regalías crecientes que en el tiempo sean estables y no volátiles.** A todos nos interesa generar ingresos residuales en el tiempo. Es importante que los ingresos recurrentes vengan del

consumo, ya sea del producto o del servicio, y no del reclutamiento. No existen residuales por volumen de reclutamiento. Adicionalmente, el plan de pago debe tener una estructura que proteja al líder; si por alguna eventualidad se cae un equipo, el líder no debería perder todas las demás comisiones del resto de equipos.

Existen diferentes tipos de planes de compensación: uninivel, multinivel, binario, trinario, híbridos o matriciales, por poner algunos ejemplos. Creo que sería innecesario evaluar cada uno por separado, porque existen muchas variantes y, al final, son formas diferentes de distribuir el dinero con ciertos requisitos. Lo que te sugiero es que priorices la estabilidad de tu ingreso por encima de la velocidad y agresividad del plan.

Muchas veces, los planes que son más "agresivos" son los más volátiles y nadie quiere tener un ingreso volátil. Mi mayor recomendación, cuando analices una empresa, es que busques o solicites la tabla de reporte de ganancias potenciales y la de ganancias promedio de los distribuidores de la empresa. Más que pedir los porcentajes de comisiones, busca cuánto es el ingreso promedio, por distribuidor, que tiene la empresa. Esto es algo que nadie menciona, pero para mí las mejores empresas son las que hacen ganar más dinero a la mayoría de sus distribuidores. Te vas a sorprender, ya que algunas empresas tienen un promedio tan bajo, que el distribuidor no gana ni siquiera para pagar su consumo.

¿Debo entrar en una empresa nueva o antigua?

Aquí podríamos debatir. Es como si nos preguntamos en qué acciones es mejor invertir, ¿en una empresa consolidada como Amazon o en un *startup* nuevo que promete a futuro? Amazon probablemente sea una inversión más estable y menos riesgosa; en cambio, la otra probablemente sea más arriesgada, pero te puede dar más rentabilidad. El principio es así, mientras más nueva es la oportunidad, mayor será el riesgo, pero mayor su potencial de crecimiento. Y mientras más sólida la empresa, será un vehículo más seguro, pero será más lento el crecer (a menos que abras nuevos mercados).

Esto depende también de cuánto dinero quieres hacer en redes de mercadeo y si aspiras a lograr rangos altos de liderazgo, o únicamente un ingreso estable por ventas. Mientras más antigua es una empresa de redes de mercadeo, mayor es la confianza que da su producto, por lo tanto, la venta es más fácil; pero el negocio se hace más difícil de expandir. Y con una empresa nueva sucede al revés, es más difícil vender el producto o servicio porque la gente no lo conoce, pero la oportunidad de negocio brilla más por la novedad.

Así que eso depende de lo que estés queriendo en tu vida y de lo que se acomode más a tu personalidad. Si quieres obtener la libertad financiera, será más fácil en una empresa joven; y si quieres generar ingresos por ventas y un equipo mediano que te dé un ingreso estable, será más fácil en una empresa consolidada. Aquí deberás ser honesto contigo mismo.

¿Es importante encontrar un buen equipo con buenos mentores?

Sí, te aconsejo buscar un buen ambiente de líderes y coequiperos. No es imposible crecer sin mentores, pero sí se hace más lento el proceso. Si logras unirte a un equipo donde hay un liderazgo activo, puede ser de mucha ayuda. Será más satisfactorio y más fácil crecer en un ambiente con gente que te puede dar una mano y, sobre todo, donde pueden enseñarte con el ejemplo a hacer este negocio.

No obstante, hay que ser claros; muchas veces pasa que algunos equipos tienen líderes exitosos, pero que ya no están en "las canchas" o que alcanzaron rangos hace mucho tiempo. Lo que te conviene, es trabajar con alguien que aún tenga bastante por construir y que esté comprometido con hacerlo. Veo muchos casos en los que prometen apoyo y se venden como "el mejor equipo del mundo", pero que en el momento no lo demuestran. Sin embargo, hay algo muy importante que no debes olvidar y más adelante lo mencionaremos:

> Un mentor no es gratis, debes ganártelo con tu esfuerzo.

De este modo, terminamos la primera parte del libro. Ahora ya conoces los fundamentos necesarios para saber cómo funciona el multinivel, ya sabes cuáles son los mitos y verdades del modelo, sabes cómo identificar empresas fraudulentas y, finalmente, ya debes saber qué empresa debes elegir para construir tu negocio. En la segunda parte, entraremos a hablar del paso a paso para construir tu negocio.

"Disciplina es elegir entre lo que quieres ahora y lo que más quieres".

Abraham Lincoln

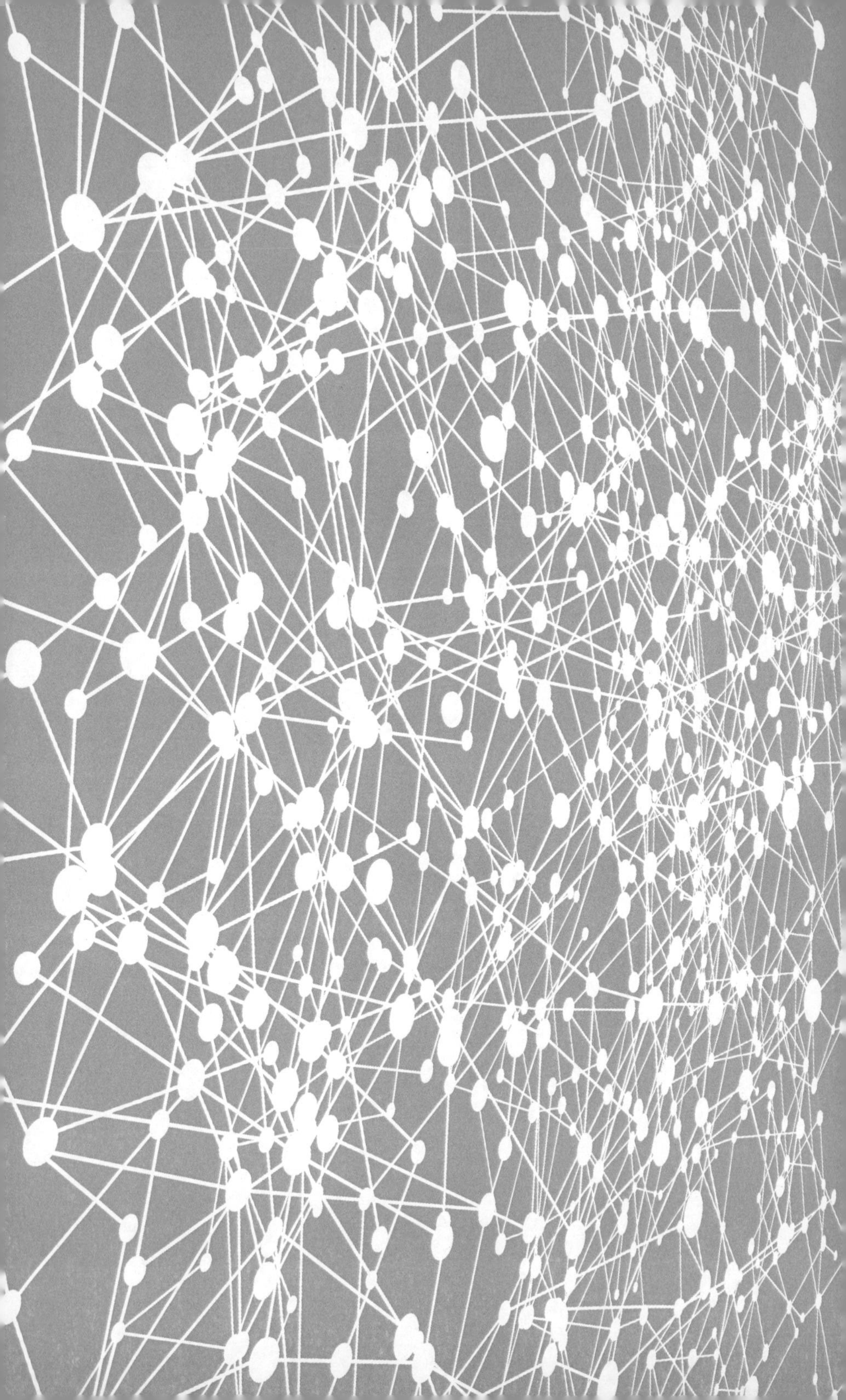

SEGUNDA PARTE:

LA GUÍA PARA CONSTRUIR UN NEGOCIO EXITOSO

"Eres caracterizado por tus acciones, no por tus pensamientos".

―――

Capítulo 4

5 Pasos para tener un arranque exitoso

En los capítulos anteriores se pudieron esclarecer dudas acerca de nuestro modelo de negocio y creo que ya es hora de hablar acerca del qué hacer. ¿Qué hacer y qué tiene que pasar en tu negocio para que puedas triunfar como *networker*? A continuación, compartiré contigo cuáles son estos 5 pasos para lograrlo.

I. Tener un resultado con el producto o el servicio

Nadie puede saltarse este paso, las redes de mercadeo son negocios basados en el *marketing* de recomendación, y es importante que estemos convencidos en que tenemos algo que ya ha funcionado en nosotros. Si quieres hacer más fácil el negocio o quieres guiar a tu equipo a tener mejores resultados, empieza por ser testimonio vivo de lo que vende tu empresa. Es importante que, en esta etapa, seas sincero contigo mismo y no te enamores del producto por el negocio. Conozco personas que se emocionan tanto con el plan de compensación, que se autosugestionan para creer que el producto funciona; pero en el fondo no creen mucho en él. La clave del éxito es tener un resultado primero.

Por otro lado, recuerdo que en mis primeros años se me hacía más fácil hablar del negocio porque me emocionaba con el sistema de pagos, pero, cuando mi equipo crecía, me costaba duplicarme. Y es que a la gente que nunca ha emprendido le cuesta vender. En una oportunidad, se nos ocurrió la idea de hacer una capacitación para los nuevos miembros de la empresa y, en ese evento, mencionamos que todo empezaba por ser testimonio primero. Pusimos la frase:

> Hay que ser producto del producto.

La gente tatuó mentalmente esa frase y, a partir de ahí, no solo aumentó nuestra retención en el negocio, sino que la gente también empezó a vender más. Nos dimos cuenta de que la frase: *el mejor vendedor es el cliente satisfecho* es cierta. Si estás en una empresa que tiene un amplio catálogo de productos, te vas a dar cuenta de que, el que más fácil se te hace recomendar, es el que más te gusta. Si quieres que alguien recomiende una buena película, llévala al cine y verás cómo la recomendará a otros. Si quieres que tu equipo pierda el miedo a prospectar, haz que se enamoren de lo que vende la empresa. La forma más fácil de capacitar a tu equipo, es ayudarlos a creer en lo que venden.

II. Construir tu lista

Una parte fundamental, que garantiza el crecimiento en un negocio multinivel, es tu lista de contactos. Creo que la razón número uno de abandono en un negocio multinivel es la frustración por no encontrar contactos. Aquí, quiero compartir tres estrategias fundamentales que todo *networker* debe trabajar, tenga o no tenga una buena lista de contactos:

1. **Lista de conocidos**

   Primero que nada, todos comenzamos con una lista de contactos que son nuestros amigos, familiares y conocidos. Y sí, es importante que les compartas sobre tu empresa a ellos, pero no te ilusiones con muchos clientes y socios. Yo no logré afiliar a más que cuatro amigos y mis líderes fueron personas que no conocía antes.

Si no logras vender o afiliar a muchas personas con esta lista, no te desanimes; nadie se ha hecho exitoso con un negocio de amigos y familiares. Por ejemplo, imagínate que pones un restaurante; al abrirlo sería bueno que invites a tus amigos y familia para que apoyen tu emprendimiento, pero tu negocio no se va a hacer exitoso por ello. Lo que va determinar tu éxito es que puedas llegar al mercado correcto de personas.

Tip **de oro:** no te aconsejo hablar de la oportunidad de negocio con tus amigos y familiares, es mejor hablarles sobre el producto/servicio. Esto es debido a la poca probabilidad de que confíen en tu negocio, si tú empiezas a dar tus primeros pasos. Y, queramos o no, el rechazo de gente cercana duele más que el rechazo de los desconocidos. Es mejor tener al círculo cercano como clientes y en un futuro podrían ser socios de negocio también. Esto no solo lo apliques para ti, sino también para tus nuevos afiliados de equipo.

2. Redes sociales

Hoy en día, no incluir a las redes sociales dentro de tu estrategia de prospección sería un insulto a tu negocio. ¿Por qué las redes sociales son tan importantes? La respuesta es fácil, por su apalancamiento. Si tú tienes doscientos seguidores en cualquier plataforma, tienes doscientas personas viendo tu día a día, viendo lo que haces y lo que vendes. Imagínate escribir o llamar a doscientas personas al día por mensaje, sería imposible.

Antiguamente, el multinivel y los negocios de venta en general se manejaban mediante llamadas. Todo dependía de la cantidad de llamadas, no había otro camino. Hoy en día, las llamadas son vistas como algo menos normal, la gente ya no contesta llamadas, prefiere un primer contacto por Instagram o Whatsapp. Las personas que no usan redes sociales es como si no existieran. De hecho, hay personas que no veo hace muchos años y no sé qué será de sus vidas. Asimismo, tengo amigos que no veo hace más de diez años porque están en otro país, pero sé que hicieron ayer por sus historias en Instagram. Las redes sociales son publicidad apalancada y nunca había existido este canal en la historia. Antes, la publicidad era cara y no todo el mundo la podía hacer; hoy, las redes sociales nos dan otra realidad.

Sin embargo, para muchos las redes sociales pueden ser un desafío agotador. Conozco muchas personas que se bloquean porque no saben qué publicar, no se deciden por un nicho o les da vergüenza mostrar su cara públicamente. Es importante que busques la forma de entrar en acción con las redes sociales. No te puedo dar un paso a paso exacto, porque ello va a depender mucho de tu estilo, de la plataforma que uses y, la verdad, es que es un mundo tan cambiante donde, cada seis meses, las estrategias que funcionaban dejan de funcionar. Si quisieras ver un entrenamiento gratuito de Marketing de Atracción por redes sociales, puedes visitar nuestra página **www.elcaminodelnetworker.com** o escanear el siguiente código QR:

1. Elige una plataforma que te garantice un buen crecimiento orgánico. Veo mucha gente que se frustra porque, por más contenido que haga, sus publicaciones no tienen alcance y se desaniman al ver que muy poca gente mira lo que suben. Por eso necesitamos no solo hacer buen contenido, sino elegir una plataforma que no esté muy saturada y que te permita tener buen alcance.

    En el momento que leas este libro, no sé cuál será la plataforma que más fácil te permita crecer, pero mientras escribo esto, TikTok es la red social de mayor alcance para atraer gente nueva y construir una lista de contactos sin pagar publicidad. En cambio, crecer orgánicamente en Facebook, hoy por hoy, es casi imposible; por eso, la gente opta por pagar publicidad. Probablemente, en un par de años aparezca una red nueva y valga la pena hacer el salto. Tenemos que estar donde está la gente y la gente está en redes sociales.

2. Si no eres muy tecnológico y te cuesta mucho decidirte a subir contenido, dale prioridad a las redes sociales, al menos por unos meses. No te desanimes si sientes que la tecnología no es lo tuyo, tienes que ser adaptable y, hoy en día, el *marketing* digital es algo no negociable. Todos tenemos que aprender a hacerlo.

    Date un tiempo, primero decídete a hacerlo en serio y enfócate en crear contenidos constantemente; la periodicidad va a variar de acuerdo a la plataforma, pero no hagas lo mínimo posible, haz lo que sea necesario. En poco tiempo te irás familiarizando, aparecerán nuevas frustraciones y bloqueos, pero cada vez te sentirás más cómodo y se te ocurrirán mejores ideas, no pierdas el ritmo hasta que te sientas confiado.

3. Recuerda que las redes sociales no solo están para atraer gente nueva, sino para mantener cerca a las personas que ya te conocen. Por ello, son una excelente herramienta para hacer seguimiento a los que te dijeron "no por

ahora" o te pusieron alguna objeción y no te compraron. Las redes sociales son parte de nuestro trabajo y debemos verlo así. Otras personas las usan solo para entretenerse. En cambio, nosotros somos los que creamos el contenido para entretener y educar.

3. La habilidad del *networking*

Esto es más importante que las redes sociales, pero la mayoría de las personas no se dan cuenta. Cuando las personas compran algo, o se asocian a un negocio, siempre eligen hacerlo con alguien que les da confianza. Nosotros tenemos que aprender a crear confianza con personas que no nos conocen. Muchas personas se limitan solo a trabajar el contenido de sus redes sociales, pero no interactúan con personas. Y aquí me refiero a lo presencial, como lo virtual. Para mí, las redes sociales son una herramienta que muestra tu contenido a más personas, pero no reemplaza la importancia de generar conexiones con la gente. Si no estás teniendo conversaciones 1 a 1 con personas de tu lista de contactos, no estará creciendo.

¿Qué es el *networking*?

Es la habilidad para adquirir contactos potenciales y construir relaciones profesionales. En otras palabras, es una herramienta que usamos para conocer personas de intereses similares al nuestro.

El *networking* no es vender, es aportar algún tipo de valor para generar confianza.

¿Por qué el *networking* es tan importante para una persona que hace redes de mercadeo?

Porque la venta de la mayoría de productos o servicios —y sobre todo compartir el negocio—, necesita una relación de confianza creada de manera previa. Muchas empresas y líderes fomentan únicamente la prospección en frío y hablar con desconocidos para venderles el producto o negocio. Pero, honestamente, creo que eso solo atrae un público desesperado y espanta a los mejores prospectos.

¿Cómo se debe hacer el *networking*?

Cuando conozcas a personas nuevas, no vayas con la intención de vender. Cuando hagas un contacto con alguien, es mejor interesarse en la persona, conocerla, generar una buena impresión e intercambiar ideas. Si es una persona potencial, debes esperar a que se genere esa confianza necesaria para tener la apertura mental a la solución que les vas a dar.

¿En dónde puedo hacer *networking*?

Muchas personas suelen bloquearse, porque no saben cómo llevar una conversación con desconocidos. Si sientes que una conversación no fluye, no lo fuerces. Es mejor que busques espacios donde se generen conversaciones de forma más natural, pero sobre todo espacios donde haya gente potencial para tus productos o servicios; estos pueden ser:

- Espacios donde puedas encontrar un buen perfil de prospectos.
- Espacios donde se hagan actividades que disfrutes y estés en contacto con las personas.

Esto va depender mucho del tipo de producto o servicio que vende tu empresa, pero ponte a pensar: *¿dónde puedo encontrar gente que esté interesada en lo que vende mi empresa, ya sea un espacio virtual o presencial?* Por ejemplo, una persona con la que hice mentorías, hace poco entró en una red de productos de belleza. Ella eligió apuntarse a clases de maquillaje y, allí, conoció a personas que se dedicaban a esa área y eran el perfil perfecto para su producto.

Otro ejemplo, es el de una amiga que está en una red de mercadeo, quien vende aceites esenciales, un tipo de producto que se vende muy bien en mujeres de treinta años o más. Ella se inscribió a clases grupales de yoga y meditación y conoció personas que terminaron siendo sus clientes. Ahora, no tendría sentido que te inscribas a una actividad que no te guste, solo porque necesitas conocer gente. Debes pensar en algo que, de preferencia, tú también disfrutes.

Por eso, te sirve apuntarte a conocer personas que tienen intereses parecidos a los tuyos. Por ejemplo, piensa en algún *hobbie* que tengas, donde puedas conocer personas sin ninguna intención de por medio. Puede ser algún deporte o pasatiempo. Por ejemplo, si siempre te gustó la pintura, puedes asistir a un curso *online* que tenga una comunidad en donde puedas interactuar con otras personas que hacen lo mismo que tú. O, tal vez, hay algún deporte que siempre quisiste practicar, o un idioma que te gustaría estudiar. En estos casos, puede ser que estas actividades tengan menos probabilidades de conectarte con personas calificadas para tu producto, pero te mantienes haciendo contactos nuevos. Por eso, es importante que pienses en esta estrategia y que elijas una actividad que te haga conocer gente nueva con el perfil que buscas, pero no dejes pasar este paso.

Lo que más funciona

Creo que, hoy por hoy, lo que más funciona para crecer nuestra lista de contactos no es elegir una sola de estas estrategias, sino combinarlas para hacer sinergia. En otras palabras, mientras vas trabajando tus redes sociales, vas conociendo personas y haciendo *networking* en espacios como los que hemos mencionado. Esto debemos hacerlo, porque las redes sociales suelen tardar un tiempo en crecer y no queremos depender de ese proceso. Es importante que, a la par de esto, estemos siempre conociendo gente nueva en diferentes medios.

III. Tener una base de clientes

Este tercer paso te permitirá hacer rentable tu negocio. Antes de pensar en promover tu negocio, debes validar que lo que ofrece tu empresa se puede vender. Muchas personas me suelen preguntar: *¿cómo puedo vender mi negocio si no tengo resultados?* Pero es una pregunta que siempre me desencaja, porque si tú ya tienes clientes que compran tu producto ya estás generando ingresos. Y, si aún no vendes, ¿por qué recomendarías el negocio? Además, si hablamos de resultados, desde que usas un producto y tienes un testimonio ya tienes un tipo de resultado. Si quieres un primer resultado económico en tu negocio, empieza con ventas. Para esto, hay 3 tipos de resultados que debemos generar en orden:

1. TESTIMONIO → 2. INGRESOS POR VENTA → 3. INGRESOS POR TU RED

Si sientes que no tienes resultados para vender tu oportunidad de negocio, es porque no has construido tus resultados en este orden. Cuando ya tengas tus primeras ventas, puedes compartirle al mundo que ya generas ingresos en la compañía, incluso sin haber reclutado a nadie en tu equipo. El multinivel tiene una imagen perjudicada, porque hay personas que solo buscan vender el negocio y, como ya hemos hablado en el capítulo 2, esto es algo que se resuelve dándole peso al producto o servicio; y la mejor forma de hacerlo es teniendo una base de clientes.

Algo que he notado como línea general en los negocios de redes de mercadeo, es que más de la mitad de las personas que tienen éxito haciendo el negocio empezaron siendo clientes. Es una gran proporción. Y esto se debe a que, cuando tú confías en un producto, es más fácil que sientas convicción por el negocio. Por eso, es una excelente estrategia que construyas una base numerosa de clientes y que vayas fomentando la idea de emprender, sobre todo cuando ya tienen un testimonio; o sea, el paso 1 resuelto.

Por otro lado, tenemos que ser ejemplo para nuestro futuro equipo. Si tú quieres que las personas vendan, debes haberlo hecho antes; si no, no tendría coherencia tu forma de hacer el negocio. Una forma inteligente de empezar nuestro negocio es llevarlo a punto de equilibrio; esto significa que debemos lograr que por lo menos nuestra compra mensual se pague sola y generemos un dinero adicional; de esta forma ya nadie nos puede decir que el negocio no nos está funcionando. Si sientes que te cuesta vender, debes tomarlo como una oportunidad de aprender una habilidad esencial para poder saltar a un siguiente nivel. La venta es y será la base de un negocio multinivel, los que solo se enfocan en el negocio le hacen un daño al modelo y no son coherentes con lo que recomiendan.

¿Cómo vender de forma efectiva?

Si sientes que no eres bueno vendiendo, y es algo que te cuesta o te genera ansiedad, recuerda que al final esto se trata de recomendar algo que tú ya usas. No todas las veces que recomiendes algo la gente lo va a tomar, como los consejos. Limítate a contarle a las personas tu historia usando el producto o servicio de la empresa. Tiene que ser algo natural, que venga de ti. Lo que más vas a transmitir, es la confianza que tienes.

El resto es un tema de probabilidades: un porcentaje de la gente va decir que no; otro porcentaje dirá que sí y no va comprar y, finalmente, otro porcentaje sí comprará. Las ventas son un juego de números que debes manejar sin emociones de por medio. Considero que la venta es algo que se aprende netamente en las canchas, no leyendo libros ni asistiendo a capacitaciones. El que más vende es el que mejor ofrece; y, el que mejor ofrece, es porque más ofrece. Las técnicas de venta son un apoyo, pero cuando estás accionando lo suficiente. La práctica hace al maestro.

IV. Hacer presentaciones de negocio

Una vez que tengas una base de clientes que consumen tu producto o servicio, se te hará más sencillo empezar a atraer personas al negocio; ya que estás percibiendo ingresos y, además, es un impulso de confianza.

Antes que nada, debemos enfatizar que, para invitar a emprender en un negocio, se debe tener una reunión efectiva, y esto no es algo que se deba mostrar por llamada, mensaje de voz o texto. Cuando tú buscas invertir o tomar una decisión para dedicarle tiempo a algo, te importará analizar los pros, los contras, la rentabilidad y las condiciones. Mejor dicho, nadie toma la decisión de emprender después de una llamada telefónica o un mensaje de texto. Tal vez para comprar una crema o un curso, sí; pero para emprender hace falta una reunión más seria. Los mensajes, llamadas y contenido en redes te puede servir para crear expectativa, pero para hacer un compromiso y afiliación se requiere de una cita de negocios.

Por eso, te aconsejo hacer reuniones de negocio, en donde la persona pueda concentrarse en conocer la propuesta de emprender en tu empresa. Puede ser una reunión por videollamada, un *webinar* o una reunión presencial. Debes evitar distractores que puedan hacer que el prospecto no entienda bien el negocio; así, si ves que tu invitado está haciendo otras cosas —como atender llamadas, está con un niño, conduciendo u otras cosas— que no le permitan concentrarse, te recomiendo reagendar la reunión y no perder el tiempo.

Para lograr una cita de negocios, debes saber cómo despertar interés por tu empresa. ¿Qué es lo que debes mostrarle a alguien para crear expectativa en el negocio? Por eso compartiré contigo 5 claves para despertar el interés de las personas y lograr citas de negocios:

1. **Filtrar interés/ saber si está buscando una oportunidad**

   Antes de invitar a una reunión de negocios, es importante saber si la persona está buscando una oportunidad, de lo contrario, no tendría sentido citarla. Podrías preguntarle:

   - *¿Actualmente estás buscando generar una fuente adicional de ingresos?*
   - *¿Te interesaría emprender en algo nuevo?*

   Estas preguntas no solo son importantes para que puedas filtrar a la persona, sino que hace sentir al prospecto que ellos también están interesados y no solo tú, lo que te da postura, algo importante para asegurar una buena presentación.

2. **Dar un argumento de oportunidad**

   El argumento de oportunidad es algo que ayuda a generar urgencia y entusiasmo con el negocio. Puede ser que la compañía haya sacado una promoción para afiliarse con descuento, o puede ser que se haya lanzado un nuevo producto, un nuevo bono dentro del plan de compensación o un nuevo viaje de incentivo. También te puede servir para apoyarte de alguna novedad del negocio, para mostrar un nuevo entusiasmo que beneficie a la persona que te va a escuchar.

Puede ser la apertura de un nuevo mercado, el trabajo de una nueva estrategia que viene funcionando los últimos meses, una nueva herramienta que está funcionando de maravilla, etc. Es importante que pienses en la parte más atractiva y novedosa de tu negocio para poder darle ese ángulo al invitar. Esto va a servir para que la otra persona sienta que es un buen momento para no dejarlo pasar. Puedes comentar:

- *Te cuento que es una compañía reciente que está empezando en nuestro país y aún son muy pocos miembros, es un buen momento para entrar.*

- *Te cuento que la empresa ha hecho más incentivos para ingresar al negocio de forma más económica.*

- *Te cuento que han lanzado un "producto X", este tiene mucha demanda y se está vendiendo de forma sencilla por Redes Sociales.*

- *Te cuento que la empresa está creando materiales de marketing para que tú solo tengas que repostear la información sin tener que hacer diseños propios.*

3. Hacer un elogio sincero

Hacer un elogio le da sentido a la invitación, ayuda a que la otra persona piense que hay una razón para invitarla y se sienta beneficiada. Además, te da postura, porque evita que la otra persona piense que tú eres la única parte interesada. En un negocio, ambas partes siempre se deben beneficiar, pero cuando la persona siente que le venden, dejan de ver su beneficio por el interés ansioso de quien le ofrece. Algunos ejemplos para hacer un elogio, son:

- *Creo que te puede ir bien en este negocio, porque tienes influencia en tu sector.*

- *Creo que te puede gustar este proyecto, porque es un rubro que te gusta y lo podrías rentabilizar bien.*

- *Siempre se te han dado bien las habilidades de enseñar y trabajar en equipo, creo que tienes cualidades para que te vaya bien aquí.*

4. Quitar presión

Quitar la presión, significa que le digas al prospecto que no hay ninguna presión u obligación para afiliarse. Muchas personas no llegan a una cita por evitar sentirse incomodados y presionados a comprar algo que no quieren. Le puedes decir algo como:

- *Mira, a mí me está siendo muy rentable y estoy contento, te muestro la información para que veas si encaja contigo.*

- *Te muestro la información y ahí puedes decidir si es lo que estás buscando.*
- *Hagamos una videollamada para mostrarte cómo lo estoy haciendo, ya me dices si encaja o no contigo.*

Debemos evitar decir frases como: *este negocio es perfecto para ti, te va ir de maravilla* o cosas por el estilo; ya que, si bien realmente sentimos esa convicción, el prospecto se puede sentir presionado a solo dar un "sí" como respuesta. Debemos darle la opción de también decir "no" como una opción correcta.

5. **Hacer una llamada filtro**

Si la persona se muestra rápidamente interesada en saber más, puedes agendar una reunión; pero si sientes que aún tiene dudas y te hace preguntas como *¿de qué se trata exactamente el negocio?*, te aconsejo optar por hacer lo que yo llamo "la llamada filtro". En vez de invitarla a la reunión de negocios, pregúntale a qué hora tiene de tres a cinco minutos para que le expliques un poco más. En esa llamada me enfoco en cuatro cosas:

- Romper el hielo, mostrarme alegre en conversar e interesado en conocer a la persona.
- Contar mi historia con el producto/negocio.
- Dar algunos alcances de cómo hacer el negocio.
- Invitar a una presentación más completa.

Si al invitar, la persona te dice que acepta reunirse sin hacer muchas preguntas, simplemente agenda una reunión. Yo suelo darle dos o tres opciones de horarios en los que puedo reunirme. Si me dice que no puede, le pregunto cuándo es el momento ideal y trato de acomodar mi agenda. Si no logran ponerse de acuerdo para ninguna fecha, opta por una videollamada de veinte minutos, todo el mundo tiene veinte minutos al día para algo que sí le interesa.

5 ingredientes para vender tu negocio de forma exitosa

No pretendo enseñarte un paso a paso para modificar la forma de presentar el negocio en tu empresa. Más bien, estos 5 ingredientes van a potenciar la presentación que ya usas, solo debes incorporarlos de alguna manera.

1. **Romper el hielo**

    ¿Qué significa romper el hielo y por qué es tan importante? Cuando compartes una oportunidad de negocio, es importante darse cuenta de las emociones que estás transmitiendo a tu invitado. Si tú te sientes nervioso e inseguro, la otra persona lo va a sentir; de igual forma será si te sientes entusiasmado y contento. Ya sea que hagas una presentación 1 a 1, una reunión grupal, un *webinar* o Zoom con muchos participantes, lo primero que va a impactar es tu nivel de energía. Romper el hielo es establecer el nivel de energía antes de que empiece la reunión.

Un error muy frecuente que cometemos en presentaciones de negocios, es ir directo al grano. A menos que ya haya mucha confianza con el prospecto, debemos dedicar algunos minutos a interactuar y hacer preguntas triviales para generar una atmósfera de confianza. Recordemos que somos emocionales y solo hacemos negocios con personas que nos caen bien y nos dan confianza. Si tú tienes la mejor oportunidad del mundo, pero no le caíste bien a la persona que tienes enfrente, esa persona muy probablemente no acepte la idea.

Si es que estás en una presentación 1 a 1 o con pocas personas, te aconsejo hacer preguntas para buscar algún punto en común y así encontrar afinidad. Por ejemplo, conversar de comida, algún deporte o acontecimiento que esté pasando. Pídeles a las personas que te den su opinión, así lograrás generar un espacio de conversación. Cuando sientas que ya se bajaron un poco las barreras de desconfianza, puedes empezar a hablar de tu presentación.

2. Contar tu historia

Muchas personas no se animan a emprender en redes de mercadeo hasta que escuchan una historia que los inspira. Contar tu historia es el puente natural que lleva a las personas a abrir la mente y conocer tu negocio. Te aconsejo aprender a contar tu historia de forma estratégica; o sea, mencionar ciertos puntos que al mismo tiempo vayan desvaneciendo las objeciones más comunes que puede tener la gente con tu negocio. Por ejemplo, algo que contaba, en mi historia, era que yo nunca había emprendido en un negocio y que no tenía experiencia en ventas. Esto ayudaba a que las personas ya no mencionaran la objeción *no sé vender* o *esto es para los que saben vender*.

Otro punto que yo siempre mencionaba en mi historia, era que lo hacía a la par de mis estudios, lo que hacía sentir a otras personas que era posible hacer el negocio con poco tiempo. Creo que la historia es la herramienta invisible más usada en los negocios de redes de mercadeo. Te recomiendo escribir tu historia e incluso grabar una nota de voz para escucharla; es importante que te acostumbres a hablar de ti y a sentirte cómodo contando tu proceso con la empresa. Algunas personas se equivocan pensando que el objetivo de la historia es impresionar, pero realmente es lo contrario, se trata de hacer que la situación actual del otro se identifique con tus inicios.

3. ¿Cómo estructurar tu historia?

Puede ser tu historia con la empresa, con el producto, con el negocio o incluso puede ser la historia de un caso de éxito, cercano a ti, dentro de la empresa. Usa esta guía para poder construir cualquier tipo de historia:

- Tu vida antes del negocio.
- Tus inconvenientes.
- Cómo conociste la empresa.
- Cómo generó un cambio en ti.
- El futuro que representa para otras personas.

Voy a inventar un ejemplo para que veas lo poderosa que puede sonar una historia bien estructurada:

Te cuento que, hace tres años, estaba trabajando en un banco. Tenía un buen puesto y, por más que era algo relacionado a mi carrera, yo me sentía absorbido por el trabajo (aquí se genera una posible identificación, mucha gente está estresada).

Ganaba bien, pero no tenía tiempo para mí ni para mi familia, casi no veía a mis hijos. Un día, mi jefe me ofreció ascender a un puesto más importante. Iba a ganar casi lo mismo, pero trabajando el doble. Ese día sentí que necesitaba algo diferente en mi vida, que solo trabajar por dinero y estatus (aquí se genera una posible identificación de personas que no tienen el estilo de vida que merecen).

Conocí la empresa por los productos, ya que un amigo me comentó que había logrado bajar de peso en menos de dos meses. Yo también estaba gordo por el estrés y los malos hábitos. Una vez que empecé a ver lo buenos que eran los productos, sentí que no sería tan difícil recomendarlos; así que mi amigo me explicó el negocio. No necesité renunciar a mi empleo para empezar a emprender, de hecho, al inicio solo le dedicaba unas horas los fines de semana (aquí se ayuda a derribar la objeción de tener que renunciar primero).

En un momento empecé a generar más de $600 al mes solo teniendo clientes y un pequeño grupo, y le dedicaba de cuatro a seis horas a la semana al negocio (se derriba la objeción de tener poco tiempo). *Luego mi esposa me empezó a ayudar y, hoy en día, vivimos de esto* (se comparte que se puede hacer en pareja). *Sigo trabajando en el mundo financiero, pero solo como consultor; ya sin presión, y lo mejor de todo es que ahora tengo tiempo para mis hijos y me los llevo de viaje constantemente.*

Lo que más me entusiasma de la empresa, es que aún tiene mucho mercado por crecer en nuestro país y necesita líderes que quieran expandir la marca. Por eso, las personas que aprovechen este momento podrán construir buenos ingresos en estos años.

Lo importante de tu historia es que le dé un sentido a emprender en tu empresa. Es importante que lo que digas tenga una carga emotiva, contar tu historia no puede ser solo información y palabras, la otra persona tiene que imaginarse lo que se sintió estar en tu lugar y sentir también el éxito de superarte.

4. Mostrar cómo se hace el negocio sencillo

La diferencia entre vender un producto y vender un negocio, es que el negocio toma tiempo y exige habilidades. Entonces, no es tan fácil de presentar como pensaría cualquiera. Recuerdo que, cuando empecé a hacer multinivel, tuve tantos "no" que me volví inmune a las respuestas de la gente; pues me decían *no tengo tiempo, déjame pensarlo* o *yo te aviso*.

Después de tomarme personal todas las objeciones que me decían, me di cuenta de que algunas eran una forma de decir *no me siento capaz de hacerlo*. Cuando uno ofrece una oportunidad de negocio, es indispensable que la otra persona se sienta capaz de hacerlo funcionar; o sea, tenemos que mostrar el negocio de forma que se vea sencillo.

Si tú muestras un negocio rentable, pero difícil de hacer, no vas a poder afiliar a nadie. Incluso, un error muy frecuente que cometen las personas es que tratan de impresionar a la gente con los bonos más fuertes de la empresa —autos, viajes o cheques millonarios— y eso, en vez de animar a la gente, los desanima, porque lo ven como algo inalcanzable y poco creíble. Cuando hagas tu presentación de negocio debes explicar dos pasos fundamentales:

QUÉ HAY QUE HACER —> CUÁNTO SE PUEDE GANAR AL INICIO

Si las personas sienten que pueden hacer esa actividad y ven cuánto van a ganar, inmediatamente se motivan con la idea de negocio.

Cómo mostrar el "qué hacer" de forma sencilla

Por ejemplo, si le decimos que "hay que vender" o "convencer a sus amigos" se va sentir como algo difícil; pero, por ejemplo, si hay algún espacio gratuito de prospección como un taller de degustación o un reto gratuito al cual pueden invitar personas, suena más fácil que vender. Algo que también puedes mencionar es la facilidad de ganar tus primeros $500 o $1000 con la empresa y qué se tiene que lograr para obtenerlos. No es necesario explicar todo el plan de compensación, ya que nadie entiende un plan en un solo día, y la gente que no es muy numérica podría percibir que el negocio es muy complicado; resumiendo:

- Compartir testimonio por redes sociales → Sencillo, lo puedo hacer.
- Evento gratuito para llevar prospectos → Lo puedo hacer.

- Te enseñan como trabajar tus redes sociales → Entonces puedo aprender a hacerlo.
- Vender a amigos y familiares → Difícil de hacer.
- Producto difícil de explicar → Negocio difícil.
- Presentación de 15 a 20 minutos → El negocio es práctico.
- Reunión de Presentación larga → Negocio difícil de hacer.
- Plan de pago complicado → Negocio difícil.

Hay que mencionar que se necesita tener cuidado en no sobrevender el negocio, no podemos prometer resultados, ni tampoco hacerle creer a la gente que el negocio es superfácil.

5. Prueba social y potencial de ganancias

En el libro *Influencia*, escrito por el psicólogo Robert Cialdini, se habla de siete gatillos mentales que generan influencia sobre otras personas para cualquier propósito. Los expertos en *marketing* han usado este libro como una base para generar todo tipo de campañas de ventas y técnicas de persuasión. No obstante, a la que más peso se le ha dado es la prueba social. En otras palabras: son los testimonios y las experiencias de otras personas con el producto o haciendo el negocio. Hay una frase famosa en inglés que dice: *facts tell, stories sell*; la traducción al español correspondería a *los datos informan, las historias venden*.

El factor que más influye, en una decisión, es el conocer experiencias positivas de otras personas. Por eso, Amazon tuvo tanto éxito colocando las reseñas debajo de cada producto o los comerciales de televenta en TV generaban muchas ventas cuando veías testimonios de personas contando cómo bajaron de peso con la última máquina de abdominales. Algo que nunca le puede faltar a tu presentación son testimonios de resultado en tu negocio. Son lo que hace que la gente se emocione, por la sencilla razón de que ven que a alguien ya le funcionó. Recuerdo que, durante mucho tiempo, me frustraba haciendo presentaciones largas, enfocadas en el potencial de ganancias de la empresa, pero no lograba concretar casi ninguna afiliación.

Hasta que, un día, decidí volcar por completo mi forma de presentar y hacerlo todo alrededor de testimonios. Contaba la historia de éxito de tres o cuatro personas de la empresa o mi equipo, y luego podía agendar una segunda cita para que los conocieran. Mis ratios de afiliación se elevaron muchísimo, así que te aconsejo tener un listado de casos de éxito que puedan probar que tu negocio funciona:

- Un caso de éxito de primeras comisiones.
- Un caso de rango reciente.
- Un caso de éxito antiguo de grandes ingresos.
- Un caso para cada perfil de personas.
- Etc.

De esta manera, en tu presentación la gente se va a poder identificar con alguno de estos testimonios y va a sentir que lo puede hacer. Recuerdo que, en la empresa donde me encontraba, teníamos un producto muy bueno para elevar las defensas, reducir el colesterol y la azúcar en sangre; pero era difícil mostrarlo, así que decidimos hacer un reto de subir a un grupo de Facebook diez testimonios por semana con pruebas de sangre o alguna evidencia que demostrara la veracidad del producto. Fue la mejor decisión que tomamos, porque ese grupo se volvió la herramienta número 1 para generar cierres. En cuestión de ocho meses, el grupo pasó a tener treinta mil personas. Se volvió una máquina de prueba social.

En cualquier presentación que hagas, ya sea 1 a 1, grupal, presencial o por videollamada, siempre abre espacios para los testimonios, tanto de clientes como del negocio. La magia de los cierres está y siempre estará en la calidad de los testimonios.

Acuerdo de cierre y siguiente cita

Probablemente, el paso que más pueda costar en una presentación de negocios o venta, es el momento de cerrar. Nadie quiere presionar, pero de nada nos sirve hacer una reunión si no recibimos una respuesta clara. Hay que acostumbrarnos a estar cómodos con hacer cierres. Recuerda que es una ley hacer un acuerdo de cierre, no te puedes ir de una presentación sin un buen "sí", un buen "no" o un acuerdo de segunda cita. Podrás pensar que no es nada sencillo, pero cuando te acostumbras a hacerlo, te empiezas a sentir cómodo y le transmites calma a tus prospectos.

Debes empezar tus cierres con preguntas cerradas. Estas son preguntas que te dan una respuesta exacta y te acercan a un cierre, por ejemplo, en vez de preguntar: *¿qué te pareció el negocio?*, puedes preguntar: *¿qué fue lo que más te gustó, el producto o el negocio? ¿Te ves más haciendo el negocio o solo como cliente de la empresa?* Luego puedes escalar a otras preguntas como *¿con cuál paquete de inscripción prefieres ingresar?* o *¿con qué método de pago prefieres hacer tu inscripción?* Si te das cuenta, estas preguntas son muy ingeniosas porque, implícitamente, asumimos que la persona sí está interesada y eso hace ver que estamos seguros del potencial de nuestro negocio. Usualmente, después de haber realizado las preguntas cerradas empiezan a aparecer las famosas objeciones.

Manejo de objeciones

Algo importante que debes comprender con el manejo de objeciones, es que estas rara vez son ciertas, normalmente esconden un miedo que hay detrás. Por ejemplo, recuerdo que a mí me decían comúnmente *no tengo tiempo* y yo me desesperaba porque no sabía qué responder; porque claro, yo pensaba *si la persona no tiene tiempo ¿cómo va a hacer el negocio?* Pero aún recuerdo que, una vez, le presenté a un amigo el negocio y me dijo: *no tengo tiempo, ando muy ocupado trabajando.* Al día siguiente, vi una publicación en redes sociales donde mostraba que había hecho una maratón de diez horas viendo series con su novia. Entonces me di cuenta de que esa objeción era mentira, tenía tiempo de sobra.

La verdad es la siguiente, no es que la gente *no tenga tiempo*, es que *no está suficientemente interesada.* Todos tenemos tiempo para lo que nos interesa. Lo mismo sucede con la objeción del dinero; no es que la gente *no tenga el dinero*, casi siempre tienen el dinero, el tema es que *no tienen el interés suficiente en conseguir el dinero.* Recuerdo que, una vez, le presenté el negocio a un amigo de dieciocho años que no trabajaba y claramente no tenía dinero; él me dijo que iba conseguir el dinero en un mes, pero cuando sucede esto, tú debes saber que eso no ocurrirá.

Lo que debes hacer es aumentar su interés de conseguir el dinero con citas de involucramiento; lo que hice fue preguntarle: *¿mientras consigues el dinero, te gustaría* *ir conociendo al equipo y aprender a hacer el negocio?* Me dijo que sí y lo invité a una reunión de equipo. Para nuestra suerte, en esa reunión de equipo dos personas celebraron que habían subido de rango y se generó una energía muy positiva entre el equipo. Eso lo motivó tanto que terminó consiguiendo el dinero en cuestión de dos días. ¿Qué sucedió? Bajó su miedo y aumentaron sus ganas. Por eso, tenemos que volvernos buenos en manejar las objeciones y en saber hacer segundas citas.

Preguntas filtro

Si sientes que la persona empieza a mencionar algunas objeciones, las preguntas filtro te permiten identificar el verdadero interés y te ayudarán a llegar a un acuerdo de cierre. Por ejemplo, yo me desesperaba cuando me decían: *no tengo tiempo para hacer el negocio*, *no sé vender* o *no tengo muchos contactos*. Cuando sucede esto, puedes responder de la siguiente manera:

- Objeción *no sé vender*:

  » Dar la razón: *Entiendo, muchas personas me suelen mencionar eso.*

  » Pregunta filtro: *¿Te gustaría aprender a vender?*

Si la persona te responde que no, ya llegaste a un cierre; si te dice que sí, la invitas a un entrenamiento de la empresa.

- Objeción *no tengo el dinero ahora*:

  » Dar la razón: *Me pasó lo mismo, bienvenido al club de los que no teníamos el dinero.*

  » Pregunta filtro: *¿Te gustaría ir aprendiendo a hacer el negocio mientras consigues el dinero?*

Si la persona te dice que no, ya tienes un cierre, si te dice que sí, tienes ya el motivo para agendar la segunda cita.

- Objeción *no tengo tiempo*:

  » Dar la razón: *Entiendo, es una preocupación importante, porque todos tenemos un trabajo y vida personal.*

  » Pregunta filtro: *¿Te gustaría saber cómo, una socia mía, se hizo rango diamante con tres hijos y un trabajo fijo?*

Si te dice que no, lograste un cierre. Y si te dice que sí, agendas una reunión con tu socia para que le dé una mano.

V. Seguimiento: la clave del éxito

Muchas personas se vuelven muy buenas agendando presentaciones y logran tener un ritmo de trabajo muy bueno, pero se equivocan al pensar que tienen que afiliar a las personas en esa misma cita. Quiero compartirte la siguiente estadística que fue el resultado de una prueba empírica: más del 75% de las personas que se unen a un negocio multinivel lo hicieron después de la segunda o tercera cita. Es más fácil volverse bueno en el 75% que en el 25%. Personalmente, mis ratios de afiliación se elevaron muchísimo cuando empecé a tener segundas y terceras citas, ¿por qué pasa esto?

1. Primero que nada, cuando hablamos de negocios, si bien aquí no invertimos capital, sí invertimos tiempo; entonces queremos decidir bien y muchas veces una sola reunión no es suficiente. Es difícil que una persona tome una decisión de negocios en menos de una hora.

2. Segundo, cuando alguien va a una primera cita, tú no puedes estar seguro de que la persona terminó interesada, en cambio, nadie va a una segunda cita sin interés. Por lo tanto, el mejor termómetro de interés en un prospecto es lograr que vaya a una segunda cita.

¿Cómo agendar las siguientes citas?

Cuando enfocas tus energías en las segundas citas, te das cuenta de que la primera reunión funciona como un puente para seguir involucrando a las personas. Por eso, la clave en la primera presentación no es explicar y que entienda todo el negocio, sino que vean el potencial y se animen a seguir asistiendo a más espacios.

Cuando entendí este concepto, mi forma de ejecutar presentaciones cambió por completo y catapultó mis resultados en inscripciones de nuevos socios.

Una dificultad que muchos *networkers* tienen, es que no saben cómo invitar a una siguiente cita porque sienten que ya explicaron todo el negocio. Y es verdad, a veces nuestros prospectos dejan de ir a una siguiente reunión porque sienten que ya entendieron todo, por eso no es bueno hacerle sentir que ya se les mostró todo. Lo que yo aconsejo, es preguntarle cuáles son las objeciones o dudas que quieren resolver y, con base en ello, diseñar una siguiente cita.

Por ejemplo, si te dice que no sabe cómo venderle el producto a sus contactos o no sabe cómo manejar sus redes sociales, podrías invitarlo a una reunión con un *upline* que haya aprendido a manejar bien sus redes o a un entrenamiento donde se hablen de estrategias digitales.

Recordemos que, cuando la gente nos da una objeción, rara vez esa objeción es cierta; normalmente es por un miedo. Esos miedos pueden ser: *tengo miedo de que me vaya mal, ¿me podrás ayudar?* o *será muy difícil*. Por eso, el objetivo del seguimiento es bajar el miedo de las personas. Imagínate que un amigo te invita a escalar y sí te gustaría hacerlo, pero tú le tienes mucho miedo a las alturas. Ahora, imagínate que ese amigo te presenta a otra persona que también le tenía miedo a las alturas, que lo pudo hacer sin ningún problema y te cuenta cómo lo logró. Lo más probable es que te baje el miedo.

Hacer seguimiento se trata de bajar el miedo del prospecto. Y, ¿cómo bajamos el miedo de las personas? Aquí te comparto unas ideas:

1. Conociendo personas que tengan un perfil parecido que te hagan sentir que sí es posible.

2. Acudiendo a eventos y ver que hay una gran comunidad; por lo tanto, te hace sentir la percepción de ser aceptado por muchas personas.

3. Aprendiendo una estrategia que no sea muy complicada de implementar y que haga sentir al prospecto que lo puede hacer.

Listo, ahora cuentas con el conocimiento necesario acerca de los cinco pasos indispensables para tener un arranque exitoso en tu negocio de redes de mercadeo.

"Mucha gente aprendería de sus errores si no estuvieran ocupados negándolos".

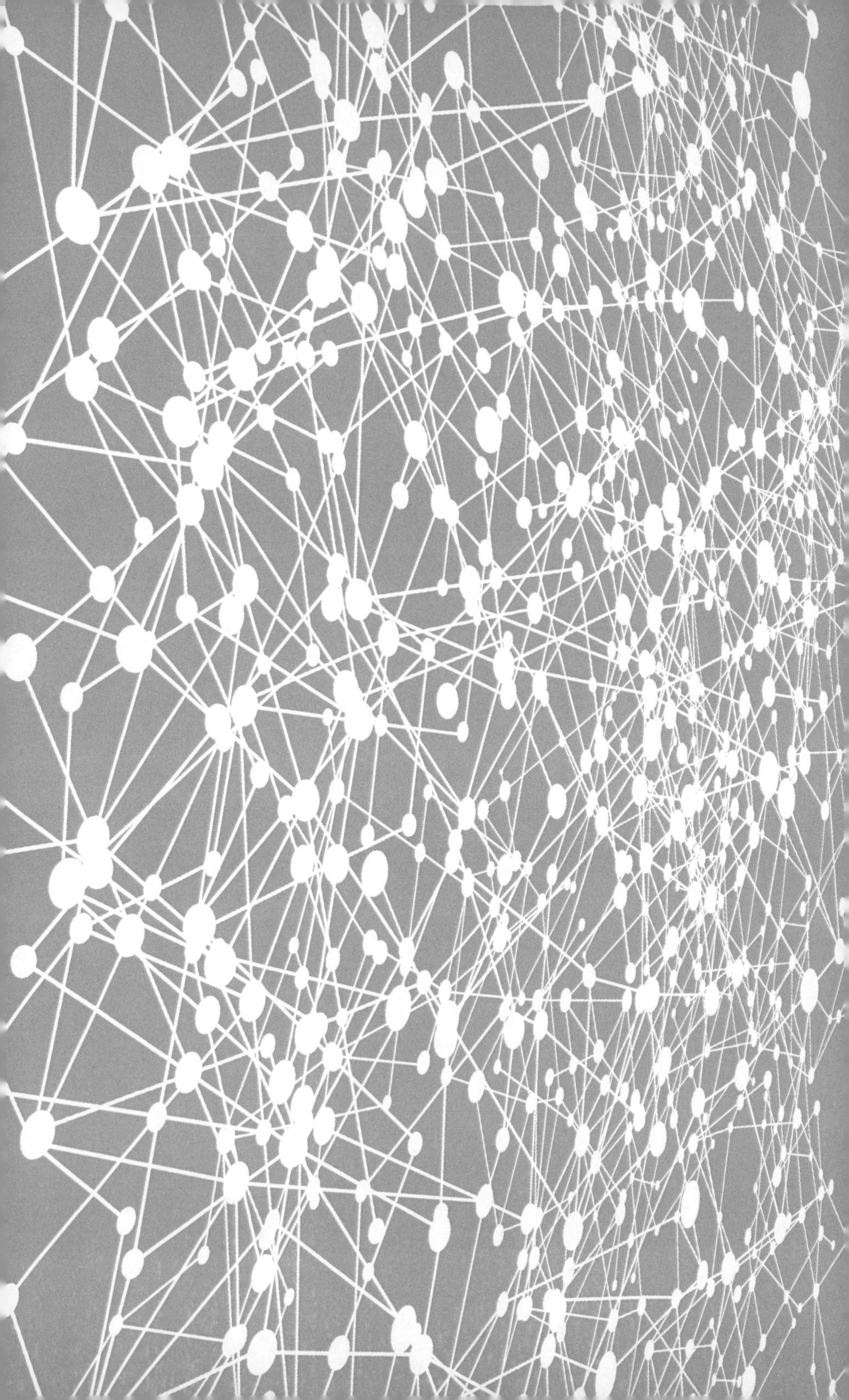

TERCERA PARTE:

LIDERA

"No importa cuántas cosas empiezas, sino cuántas terminas".

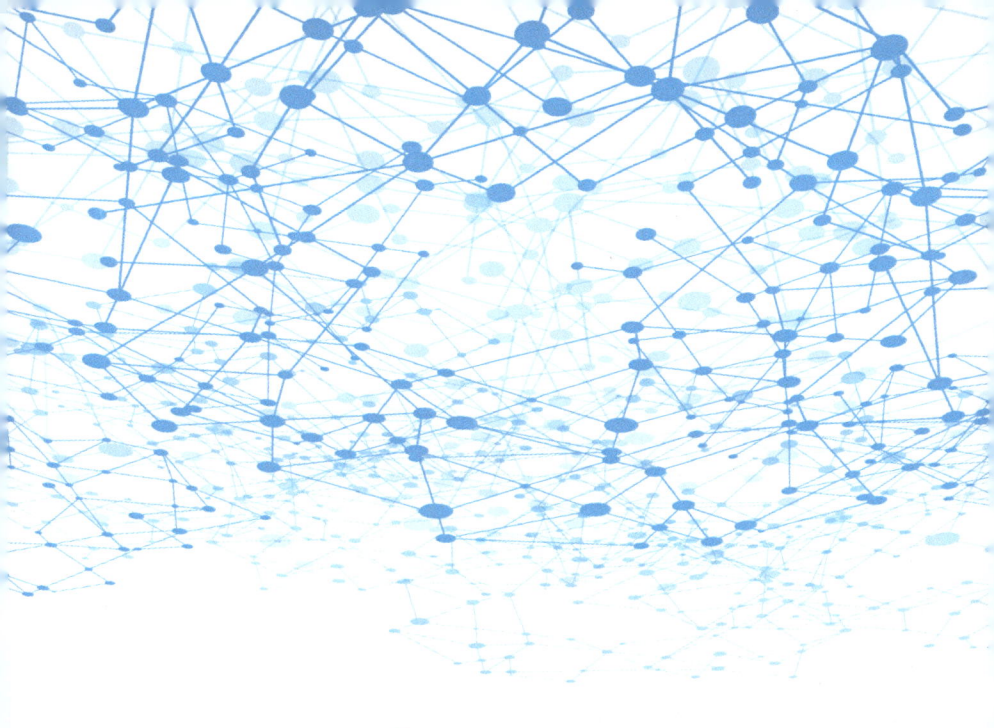

Capítulo 5

Cómo trabajar con un nuevo socio

Las redes de mercadeo son un tipo de negocio donde las dos actividades principales son las ventas y el liderazgo, todo lo demás es secundario. Entonces, tenemos que hacer todo lo que nos haga mejores vendiendo o liderando. En este capítulo, ahondaremos en la característica que distingue a un negocio multinivel de cualquier otro, el liderazgo puro. Compartiré muchas experiencias personales contigo y pienso que algunas cosas que leas te puedan parecer contraintuitivas; pero, en realidad, son lecciones muy acertadas y valiosas. Espero que estos consejos de liderazgo te ayuden a ahorrarte años de trabajo. Hay una frase que dice: *es inteligente aprender de tus errores, pero es sabio aprender de los errores de los demás.*

Estamos en un modelo de negocio donde el liderazgo cobra vida desde que nos afiliamos a nuestro primer distribuidor. Desde que afilias a alguien, ya empiezas a aprender de liderazgo; pero aquí es más difícil que en el mundo corporativo, ya que, por ejemplo, en una empresa propia —donde tú eres el empleador—, tú le pagas un salario a tus trabajadores y tienen un contrato de por medio, que de no cumplirse corre el riesgo de ser expulsado de la empresa.

Mejor dicho, tienes más poder de control y maniobra. En cambio, en un negocio multinivel nadie trabaja para ti, todos son independientes, pertenecen a tu red, pero nadie tiene un contrato contigo, no necesitan cumplir horas, metas de ventas, asistir a eventos y nadie los obliga a nada. Entonces, no nos queda nada más que aprender a influir a través de la inspiración. Tenemos que influenciar en otros para que ellos —por sí mismos— decidan hacer el negocio y comprometerse. Aquí estamos obligados a inspirar, empoderar personas y conectar sus sueños con el negocio. Por ello, creo que, el que aprende a ser buen líder en un negocio de redes de mercadeo, desarrolla habilidades claves para cualquier otro negocio.

Aún recuerdo cuando afilié a mis primeros socios de equipo y empezaba a pensar: *Ok, ya logré ganar un poco de dinero, ahora debo hacer que mi equipo haga lo mismo y empezaré a subir a rangos más importantes*. Pero descubrí lo que encuentran todos en su momento: hay gente que no hace nada. Ahí me empecé a frustrar, porque no sabía nada de liderazgo y sentí que esto iba a ser muy difícil. Imagínate que no sabes nadar y, en vez de aprender poco a poco, te tiran a la piscina profunda con un flotador y sin ninguna indicación. Creo que eso les pasa a muchos *networkers* cuando se dan cuenta que tienen que liderar, pero no les han dado ninguna indicación de cómo se hace.

Luego de afiliar a siete distribuidores en mi equipo y ver que la mayoría tomaban muy poca acción en el negocio, o se iban durmiendo, noté un factor en común en los que sí tenían resultados (incluyéndome a mí). Es la acción en el primer mes y, es que cuando empezamos en el negocio, todos estamos entusiasmados, pero poco a poco esa emoción se va perdiendo y, si no aprovechamos esa energía inicial para avanzar, el negocio se empieza a tornar más pesado. Entonces, aprendí a hacer planes de acción efectivos para aprovechar el "fuego del nuevo".

¿Cómo trabajar con un nuevo socio o distribuidor?

[Diagrama: Ciclo emocional del nuevo networker]
- INGRESA AL NEGOCIO
- DESEO ARDIENTE
- 01 MOTIVACIÓN
- 02 ACCIÓN
- 03 HABILIDAD
- 04 RESULTADOS

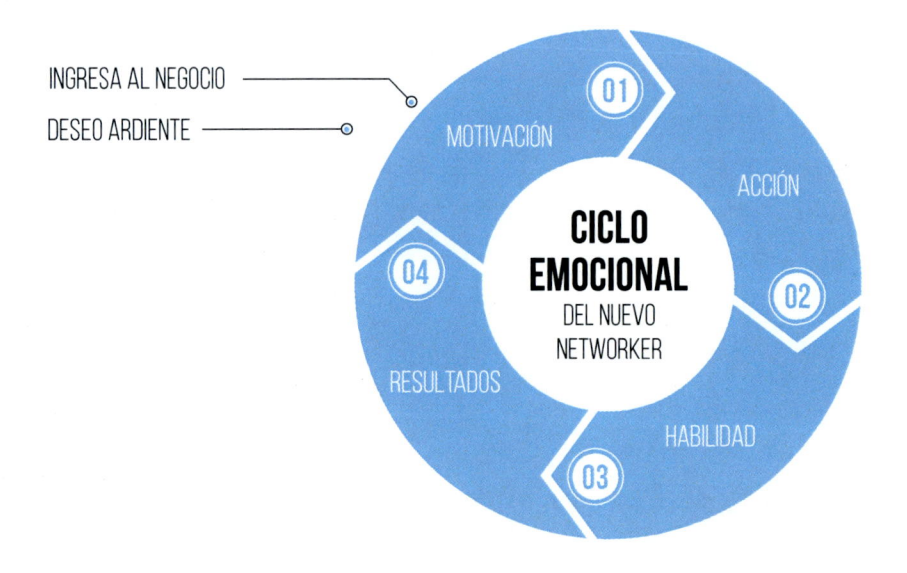

Figura 1. *Ciclo emocional del nuevo networker.*

Aquí arriba, puedes ver el gráfico que llamo el "ciclo emocional del nuevo *networker*". Lo primero que sucede, cuando alguien empieza a hacer el negocio, es que se encuentra con mucha motivación, lo que llamamos "el fuego del nuevo". La motivación es alta porque te sientes entusiasmado de empezar algo nuevo en tu vida, algo muy similar a la primera semana de clases o los primeros días en el gimnasio. Al inicio, la motivación no falta porque estamos con buenas expectativas; pero cuando nos damos cuenta de que hay dificultades, empezamos a desmotivarnos. Debemos aprender a aprovechar la emoción y energía inicial del "nuevo" para redirigirla en acciones correctas y constantes.

¿Por qué es tan importante que "el nuevo" tome acción?

Primero, porque la acción masiva va a asegurar que "el nuevo" gane dinero; segundo, porque al tomar acción este va a aprender las habilidades necesarias y, tercero, porque estamos en un negocio de probabilidades. Si contactas a muy pocas personas, por más que lo hagas bien, no verás resultados. Nuestro rol inicial, como líderes, es ayudar "al nuevo" a inclinar la balanza de probabilidades a su favor y eso lo logramos con que la persona pueda mostrar el producto o servicio, a la mayor cantidad de personas, en su primer mes.

Agenda la reunión de plan de acción

Las reuniones de plan de acción son claves para hacer que "el nuevo" tenga un buen inicio en el negocio, pero también ayuda a crear una cultura de inducción para "los nuevos", que es muy necesaria en el emprendimiento.

Aún recuerdo cuando apenas tenía unos meses haciendo mercadeo en red y me coloqué una meta sencilla: que todos los días haya presentaciones en mi equipo. Así logramos un ritmo necesario que nos permitió crecer muy bien. Pero, cuando logré tener planes de acción con cada "nuevo" en mi equipo, se catapultó mi retención y solidez en el negocio.

¿Qué es una reunión de plan de acción?

Es un espacio inicial en donde le enseñan lo básico "al nuevo" distribuidor para que tenga un arranque exitoso. Algunos lo llaman "plan de acción", "*onboarding*", "plan de arranque", "guía de inicio", "reunión de inducción" o también suele tener otros nombres. Lo importante es que exista y se haga conocido; todo distribuidor de tu equipo debe saber que, cuando ingresa alguien nuevo en su equipo, es importante que su patrocinador se encargue de hacerle un plan de acción.

¿Qué se le debe enseñar "al nuevo" en el plan de acción?

Hay 5 puntos básicos que debes de tener en cuenta para completar el aprendizaje del "nuevo", los cuales son:

1. La importancia de tener un testimonio.
2. Cómo contactar y ofrecer la oportunidad.
3. Colocarse una meta y cuánto va a ganar al lograrla.
4. Definir el ritmo y acción necesaria para lograr la meta.
5. Enterarse de las herramientas de capacitación de la empresa.

Después de eso, es fundamental enseñarle a "el nuevo" a colocar, hacer o pensar en una meta básica de clientes y hacer un plan claro para lograrlo. Por ejemplo:

Meta: 25 productos vendidos

Acción: contactar 75 personas

Tu objetivo con "el nuevo" socio es que gane dinero, desarrolle habilidades, gane confianza en él mismo y decida creer más en el negocio. La gente que desiste es por una razón simple: no ven resultados. Y, ¿por qué no ven resultados? Por tres razones: la primera de ellas, es porque no hicieron nada; la segunda, es porque no lo hicieron bien; o la tercera es porque no lo hicieron lo suficiente. Tu rol como *upline* es ayudarlos a cruzar esa línea de resultados haciendo que tomen acción y que seas su apoyo para que lo hagan bien. Por esta razón, es importante que tú tengas una base de clientes, de tal manera, vas a tener la congruencia para ayudarles a hacer lo mismo. Es algo más sencillo de lo que crees, el negocio trata de enseñar a otros a hacer lo que tú ya hiciste.

¿Cuánta acción debe tomar alguien para que tenga resultados?

Lo mínimo necesario para que tenga un 100% de probabilidades de lograr una meta. Por ejemplo, en mi empresa recuerdo que mi ratio de conversión de clientes era de un 20%; o sea que, para hacer una venta, tenía que ofrecerles mi producto a cinco personas como mínimo.

Por lo tanto, si mi meta es quince ventas, debo contactar a setenta y cinco personas en el periodo. Puede ser que necesite mucha menos gente para lograrlo, pero es mejor ponerle una meta alta y que se alegre de hacerlo más rápido, a comparación de que le pongan una meta de acción baja y se frustre al no lograrlo. En otras palabras, para ponerle una meta adecuada a tu nuevo socio, debes calcular cuánto es la cantidad mínima de personas que necesitas contactar para que te asegure un 100% de probabilidades para alcanzar una meta. Una vez que ya sabes cuál es el número de contactos, puedes definir tu actividad diaria y enfocarte en cumplirla.

Es importante que estas reuniones no sean muy largas y excesivas en información, ya que "el nuevo" necesita claridad de lo que hay que hacer y solo lo básico para lograr una meta. Conozco a personas que les mandan a estudiar todo el plan de compensación, a leer libros de crecimiento personal o los comprometen a una agenda recargada de eventos y capacitación. Esto puede sofocar "al nuevo" y hacerle sentir que es demasiado compromiso. Recuerda que tu meta es que "el nuevo" logre resultados en su primer mes y progresivamente vaya involucrándose más.

Por otro lado, ten en cuenta que esto sigue siendo un tema de probabilidades. No todas las personas que se inscriban en el negocio van a tomar acción y no es que sea tu responsabilidad que no tengan resultados. Si cumpliste con enseñarles lo básico y trazarles la ruta de inicio en el negocio, tú ya cumpliste con tu parte. Si no toman acción es porque decidieron no hacerlo, o simplemente no tienen el interés necesario para perseverar, y eso ya escapa de ti. No debemos tomar de forma personal la falta de resultados de nuestro equipo si ya hicimos lo que teníamos que hacer. Esto es algo que estanca a muchas personas y nunca se dan cuenta.

¿Qué hacer si alguien empieza bien pero luego se relaja?

Recuerdo que tenía un amigo al que le decíamos "Chicho", él fue mi quinto patrocinado cuando llevaba unas semanas en el negocio. Fue el que mejor empezó e inscribió a cuatro clientes y cuatro distribuidores en menos de diez días. Yo estaba muy emocionado, porque presentía que el negocio iba a explotar con el nuevo equipo que se estaba formando. Pensaba que ya había encontrado a mi líder clave y que ya estaba todo resuelto. Pero, al cabo de unos días, "Chicho" se empezó a relajar. No hacía seguimiento a sus clientes y no le interesaba darle una mano a sus socios. De hecho, yo le comenté en múltiples ocasiones que solo debía llevarlos a las capacitaciones, para que aprendieran a cómo manejar el negocio. Pasó más de un mes, "Chicho" no hizo nada y yo no tenía información de su equipo. Fui a su casa para animarlo y decirle que dedicara más compromiso al negocio; me comentó que lo iba a hacer, pero días después se volvía a relajar y dejaba de hacer las cosas. Con el nuevo mes, necesitábamos cumplir un volumen de ventas para mantener el rango; pero fue inútil el esfuerzo, bajamos de rango y ahí me di cuenta de que tenía que hacer algo.

Estaba frustrado y fui a la casa de mi patrocinador, le expliqué la situación de "Chicho", que era mi líder más potencial, y le mencioné que por culpa de él mi negocio estaba estancado y bajando. Como era la cuarta ocasión en la que yo le comentaba sobre la inconstancia, él me dijo fríamente: *Tu negocio va a volver a crecer cuando te olvides de Chicho*. Escuchar eso me impactó mucho, pero tomé cartas en el asunto y me puse a seguir trabajando en la lista de contactos para encontrar nuevos socios para mi equipo. Dos meses después, pude levantar otra vez mi rango y me di cuenta de que mi patrocinador tenía razón; no era que "Chicho" había estancado mi negocio, yo había dejado que mi negocio dependiera de él.

Todos, en algún momento, podemos tener un "Chicho" en nuestro equipo y debemos notarlo rápidamente para no esperanzar nuestros resultados en él o ella. Para mí, esto fue un gran aprendizaje, porque me di cuenta de que, a pesar de que este sea un negocio donde el volumen es creado por el equipo, el crecer depende netamente de nosotros. Y nosotros debemos transmitir esa misma filosofía a nuestro equipo, nadie debe depender de nadie, trabajamos juntos para ayudarnos, pero la falta de resultados siempre es responsabilidad de cada uno.

¿Los resultados del nuevo distribuidor siempre dependen del *upline*?

Muchas veces los líderes se inician solos. Aún recuerdo que, cuando llevaba unos años en el negocio, estaba en búsqueda de líderes, pero no lograba encontrar a ninguno que diera la talla para lo que se necesitaba. Hasta que un día después de meses de intentar, ayudé a un afiliado a hacer una presentación a un amigo suyo. Él se afilió a los cuatro días y justo en ese momento yo viajé doce días a una convención de la empresa en Cancún. Y recuerdo que, cuando regresé, este nuevo socio me buscó para pedirme apoyo pero, mientras yo no estaba, él ya había asistido a dos eventos, había vendido el producto a varios familiares y había inscrito cinco distribuidores. A los pocos meses se convirtió en el líder de mayor crecimiento en el país.

Fue algo increíble que sucedió en menos de cuatro meses. En ese proceso sentí que lo único que debí hacer fue guiarlo para que pudiera crecer mejor y más rápido, pero también noté que con mi ayuda o sin ella igual lo iba hacer. Ahí comprendí que el crecimiento de los líderes algunas veces depende poco del *upline*. Nosotros únicamente estamos para direccionarlos y ayudarlos a evitar ciertos errores, pero la mayor parte siempre lo hacen ellos. Muchas veces los líderes se inician solos, tienen tal determinación que no andan poniendo excusas, pero no todos los casos son así, hay algunos a quienes les cuesta más crecer y dependen más de un mentor, entonces ¿cómo podemos formarlos?

Cómo formar líderes

Honestamente creo que debemos dedicar la mayor parte de nuestro tiempo en formar líderes, ya que tenerlos es la única forma de lograr rangos altos y libertad de tiempo en este negocio. Entonces, ¿cómo puedo manejarme con alguien para poderlo impulsar a ser mejor? A continuación, te doy algunos puntos básicos que debes de tener en cuenta para esto:

1. Creer en ellos
2. Interesarse por ellos
3. Conocerlos
4. Empoderarlos
5. Darles *feedback* cuando sea necesario

En primer lugar, debes creer verdaderamente en su potencial. Debes estar convencido de que la puede romper en el negocio. Hay una frase que dice: *no hay nada más motivador que alguien crea en ti cuando tú aún no lo haces*, pero tienes que ser 100% honesto. Si tú le ves solo defectos y poco potencial a tus distribuidores, no vas a poder ser un mentor para ellos. En ese caso es mejor que no trabajes directamente en ellos. Un entrenador de fútbol necesita creer en sus jugadores, si hay un jugador en el que no creen es mejor enviarlos a otro *club* y eso no significa que no tengan potencial, solo significa que no vas a transmitirle la convicción necesaria para formarlos y eso está bien, no podemos formar a todo el mundo.

Recuerda, hay una gran diferencia entre creer en el potencial de la gente y necesitar que ellos tengan resultados. Si tú apuestas en la gente que tienes solo porque son los únicos que han llegado a tu equipo y sientes que no te queda más remedio que solo trabajar con ellos, te mantendrás estancado.

¿Cómo medir el potencial de alguien?

Puedo compartir contigo lo que, bajo mi criterio, debes buscar en alguien para decidir apostar por él:

1. Alguien que toma acción siempre y demuestra en las canchas que tiene ambición de crecer.
2. Tiene talentos que tú ves que le van a servir de ayuda si los sigue desarrollando.
3. Es una persona correcta y ética.

Pueden haber muchas otras cualidades que puedes tomar en cuenta, como el compromiso, la humildad para dejarse enseñar, la inteligencia emocional, la tolerancia a la frustración, la habilidad para comunicarse, el carisma, la disciplina, la organización, la autoconfianza, entre otras. Todas estas cualidades podrían entrar en el punto número 2, pero todo esto es algo que debes definir en tu escala de valoración, porque al final eres tú quien debe sentir el potencial de las personas.

Lo único que te puedo advertir con base en mi experiencia es que no midas el potencial de la gente solo por sus palabras o por su lista de contactos, te vas a frustrar y estancar creyendo en esas personas si no cuentan con las tres cualidades que te he compartido.

¿Recuerdas el caso de "Chicho"? Yo estaba esperanzado en él por sus contactos y su influencia para llegar a las personas, pero nunca mostró ambición en sus acciones.

¿Qué hacemos entonces con los que no hacen nada, los abandonamos?

Solo dedicarles menos tiempo. Aplicar la ley de Pareto es una estrategia que funciona de forma excelente en redes de mercadeo. La ley de Pareto nos dice que el 80% del volumen de tu negocio va venir del 20% de tu equipo y el restante 20% va venir del 80% de tu organización. Por tal razón debes dedicar el 80% de tu tiempo a tus líderes de mayor productividad y potencial y solo un 20% de tu tiempo a trabajar con los demás.

¿Qué hacer con todas esas personas que hacen poco o nada?

Mantenerlos informados, verlos en los eventos, mantener cercanía y conversación ocasional. Y punto, no necesitas estar todo el día con ellos. Ten cuidado con el manejo de la culpa, sucede mucho que los líderes se sienten en deuda con sus socios porque aún no logran ayudarlos a tener resultados. Habla de forma clara con ellos y diles que tú vas a estar encantado de apoyarlos pero cuando veas más compromiso de su parte. Hay algo muy cierto, nuestro trabajo como líderes no es hacer que todos tengan resultados, sino que la visión se cumpla. Es imposible hacer que todo el mundo logre grandes resultados. Por esto, existen los eventos y las herramientas del sistema para que las personas no dependan del tiempo del líder para poder avanzar en sus negocios.

No solo es importante creer en la gente, debemos interesarnos genuinamente en ayudarlos. Y aquí viene una pieza del liderazgo que muchas veces olvidamos: el servicio; un líder debe servir, preocuparse por el éxito de los demás. Y eso se siente, no se puede fingir. Cuando hago mentorías y *coaching* con líderes de empresas, un tema que sale a la luz constantemente es la frustración que tienen de intentar ayudar, pero ellos ven que la gente no pone de su parte. Es como que hubiera un conflicto entre nuestro deseo egoísta de crecer y nuestras ganas de ayudar. Y la verdad es que muchas veces nosotros pensamos que estamos intentando ayudar, pero nuestro equipo nos percibe como *uplines* interesados que buscan presionar. Para ayudar, debemos olvidarnos de nuestras metas personales por un tiempo para enfocarnos en las metas de otros. Sí funciona presionar, pero ellos tienen que sentir que lo hacemos por su bien.

¿Cómo ganarte a las personas?

Primero pasa más tiempo con ellos, dedícate a conocerlos de forma más personal, compartan almuerzos, integraciones y cualquier espacio de mayor conexión humana.

Busca resolver malentendidos poniendo iniciativa de tu parte. Conoce cuáles son sus metas y sueños que quisieran cumplir.

> Cuando conectas con el "porqué" de tus líderes vas a poder guiarlos mejor en su proceso.

Empoderar

La comunicación que tengas con tus líderes debe ser muy clara. Tanto para empoderar como para dar *feedback*. No importa qué tanto le enseñas a tu socio, sino cómo lo ayudas a sentirse capaz de lograrlo. Por eso debemos tener cuidado con el fenómeno de la "mamá gallina".

El síndrome de la "mamá gallina" ocurre cuando queremos ayudar a nuestro equipo a tener resultados, pero como no sentimos que lo pueden hacer solos, les hacemos en parte el trabajo. Y ese es el problema, si sientes que no lo pueden hacer solos, no los estás empoderando, los estás desempoderado y acostumbrándolos a depender de alguien más. Tenemos que saber cuándo soltar a las personas. Si al socio le cuesta mucho alguna parte del negocio, empieza dándole una mano, pero poco a poco anímalo (empodéralo) a participar cada vez más.

Hasta ahora recuerdo cómo fue mi proceso para independizarme en el negocio. Una de las cosas que más me costaba hacer era presentar y hacer cierres. Entonces me sentía tan novato en el tema que debía llamar a un *upline* para que me ayudara a hacerlo. Y escuchando poco a poco fui aprendiendo cómo se hacía y él me hacía participar para contar mi experiencia o explicar algunas partes. Igual me sentía poco confiado para hacerlo solo, hasta que me tuve que lanzar a presentar por mi cuenta. De hecho, fue necesario que mi *upline* me dijera que ya estaba listo para hacerlo. Cuando me lancé a presentar solo no me fue bien, pero fue indispensable para agarrar confianza en mí mismo. Tenemos que saber decirles a nuestros líderes que ya están listos para hacer algo solos; es por eso que te compartiré algunos *tips* de cómo hacerlo:

- Primero hazlo por ellos.
- Luego hazlo con ellos.
- Luego que ellos lo hagan y tú observas.
- Finalmente, que ellos se lancen a hacerlo solos.

Nuestra mentalidad tiene que ser: *debo apoyar a mis líderes a que aprendan cómo se hace el negocio, pero tengo que empoderarlos poco a poco para que ellos mismos lo puedan hacer por su cuenta.* No te podría decir en cuánto tiempo alguien se independiza porque eso dependerá mucho de cada caso y de tu criterio. Pero la clave es que para independizarte necesitas empoderar.

Dar *feedback* también es clave. Más clave de lo que creemos, porque hay cosas que nadie se lo va a decir, pero es importante que tú sí lo hagas. Un líder siempre dice las cosas. Y hay que aprender a decirlas, si las dices molesto o de forma muy fría puedes hacer que la otra persona lo tome de mala manera. Por ejemplo, si tu líder está siendo muy inconstante o está exagerando en las ganancias potenciales, debes saber cómo decírselo. ¿Por qué tenemos que decirles las cosas? Porque necesitamos ayudarles. ¿Y si ya lo saben? Pues ya no se lo digas, ya es responsabilidad suya hacer algo al respecto.

Más allá del *feedback*, lo más importante es identificar en qué está fallando la gente. Nosotros tenemos que aprender a darnos cuenta en qué están fallando nuestros socios e impulsarlos. Por ejemplo, hace poco hice *coaching* con una líder de una empresa de productos de belleza. Y me dijo: *Mihail, no sé qué hacer, mis líderes se desenfocan muy rápido y ahora que viene Navidad muchas me están diciendo que van a estar viendo los regalos y eventos familiares y no van a poder hacer mucho el negocio.* El otro día les escribí preguntándoles si necesitaban que realizáramos unas reuniones por Zoom, pero casi nadie quiso. ¿Tú qué le dirías a esta líder? ¿Puedes notar en qué está fallando?

Está fallando en dos cosas. Primero, sus líderes están mentalmente estancados, han perdido confianza en el negocio y por eso ponen excusas para no hacerlo. Y segundo, ella les está preguntando si quieren reunirse, no les está dando la claridad de lo que hay qué hacer. La líder no tiene una visión clara y un plan claro para ayudarlas y cae en la trampa de gerenciamiento al querer estar detrás de ellas para que hagan algo. ¿Qué le aconsejé? En primer lugar, le dije que identificara qué paradigma tienen sus socias. Si piensan que el negocio es difícil, que se necesitan seguidores, que la situación del país es difícil, etc. Y respecto a lo segundo, le dije que sepa con claridad lo que tienen que hacer ellas y enseñarles el plan en una reunión. Su equipo no sabe qué hacer, ella tiene que darles el norte. Finalmente, le recomendé que trabajara mejor su visión, manteniendo cercanía con algún mentor de su empresa que le permita mantenerse inspirada.

Como ves, la clave está en identificar cuál es el siguiente paso que no logran dar nuestros líderes. No es hacerles el trabajo, no es presionarlos, ni esperarlos, es mostrarles la visión con más claridad, empoderarlos y ayudarlos a identificar puntos de mejora. ¿Cómo mostrar la visión con más claridad? Ese es un tema muy apasionante y es una de las cualidades que todo líder, por lo menos en redes de mercadeo, debe tener.

"Si tú no eres generoso con tu negocio, no pretendas que tu negocio sea generoso contigo".

———

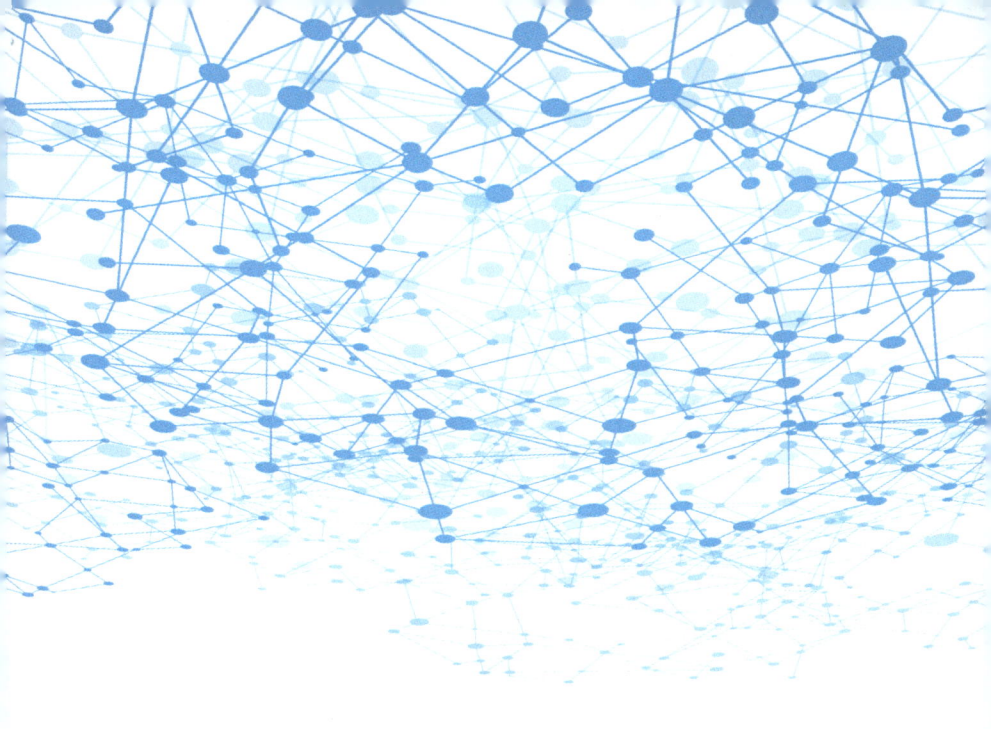

Capítulo 6

Cualidades de un líder

Ya hemos hablado de cómo formar líderes potenciales, pero ¿qué hay de nosotros? ¿Cómo podemos mejorar nuestra influencia como líderes? ¿Hay alguna forma en que podamos sembrar en nosotros ciertas cualidades? ¿Todos tenemos el potencial de liderar? Algo que es importante saber es que para formar líderes tenemos que formarnos a nosotros también. Estas son —según mi experiencia— las cualidades más importantes para un líder en redes de mercadeo. Seguramente puede haber otras, pero no dejemos pasar por alto las que mencionaré a continuación.

Las 6 C's del liderazgo:

1. Cercanía
2. Certeza
3. Congruencia
4. Capacidad
5. Curtimiento
6. Carácter

1. Cercanía

La cercanía ya la mostramos y detallamos en el capítulo anterior cuando hablábamos de formar líderes. Y es que no debemos dejar de hacer hincapié en que un líder es alguien cercano que verdaderamente se interesa por el bienestar y crecimiento de los demás. En la medida que el equipo sienta que tú, honestamente, quieres ayudarlos por su bien, cosas increíbles empezarán a pasar en tu negocio.

2. Certeza

CERTEZA es VISIÓN CLARA. Un líder no debe dudar en ningún momento del potencial de lo que se puede lograr. El momento en el que el líder duda de la visión, el equipo pierde moral. Un líder con convicciones claras da dirección y calma al equipo. Les da certeza. Cuando la gente trabaja duro es porque tiene la certeza de que lo que hacen va a valer la pena. Cuando la gente deja de trabajar es porque ya no creen tanto en la visión o en su capacidad.

Puede ser que muchos de tus distribuidores no crean en ellos mismos y no se sientan capaces aún de lograr ciertas cosas, pero de lo que nunca deben dudar es que este es un negocio que funciona. Imagínate que estamos un grupo de diez personas en una montaña y no hay agua para beber y nos estamos deshidratando. Nadie sabe para dónde ir y tienen miedo de alejarse aún más del agua o deshidratarse más. El sentimiento general es de incertidumbre. Pero uno de nosotros, en un momento, saca un mapa y nos muestra que cruzando uno de los montes encontraremos un oasis para poder tomar agua y recomponernos. Inmediatamente en el grupo brota una sensación de certeza. La certeza es esa sensación donde todos sentimos que algo se puede lograr y eso hace que uno tome acción. La certeza genera acción.

Pintar una visión clara

Algo que sirve mucho para crear certeza es mostrar la visión, pero con lujo de detalle. Aún recuerdo cuando era un novato en redes de mercadeo y uno de los líderes compartía con mucha seguridad el cómo iba ser el negocio después de unos años si no soltábamos las riendas. Él nos decía en las capacitaciones que los que estábamos en esos auditorios íbamos a ser los pioneros de ese gran movimiento y que, en muy pocos años, íbamos a ser expositores y ejemplo de miles de personas que se unieran. Además de que el proyecto iba a llegar a más de cinco países nuevos en Latinoamérica. Él nos decía que íbamos a viajar constantemente y que los estacionamientos de las capacitaciones iban a estar colmados de autos pagados por la empresa de los colores de la marca. Hablaba con tal lujo de detalle que no nos costaba esfuerzo imaginarnos esa escena. Esas imágenes se quedaron grabadas en nuestras mentes y lo más increíble de todo es que unos años después se cumplieron todas esas declaraciones. Es fácil creer cuando los resultados se ven, pero nuestro trabajo como líderes es tratar de ayudar a otros a ver algo que aún no se ha creado. Por ello es importante que expandamos nuestra visión, que aprendamos de mentores de más experiencia, que nos demos cuenta qué es posible y qué es irreal.

Pero, ¿qué sucede si pintas en otros una visión que no se cumple? Imagínate que cruzamos la montaña y nos damos cuenta de que el oasis no existía, sería una gran desilusión. Eso sucede mucho en el mundo del multinivel, muchos crean cuentos que no se llegan a cumplir. Por eso es importante no vender humo para una visión, debes estar convencido de que algo puede suceder honestamente, si no, es mejor no decir nada porque la desilusión hace más daño.

Por eso, es necesario que la certeza se cumpla con hechos. Por ejemplo, todavía recuerdo que mi negocio se encontraba estancado y muchas personas de mi equipo estaban perdiendo la fe. Una de las razones fue que se había hecho un poco difícil vender el negocio porque mucha gente no lograba ver ingresos y se iban. En los eventos se reconocían a los rangos antiguos, pero no había casi rangos nuevos en el año. Se sentía un aura de incredulidad en el proyecto. Y nosotros les decíamos a las personas que continuaran, que todo era mental y que si ellos lo declaraban el universo se los iba dar y bla, bla, bla. Palabras que ya no motivaban a nadie. El negocio ya no necesitaba palabras, necesitaba resultados.

Sabíamos que la solución era darle más peso al producto y que la gente vendiera más, porque solo estábamos acostumbrados a hablar del negocio y eso ya no funcionaba tanto. Así que, con nuestros líderes cercanos, empezamos a poner retos de facturación haciendo ventas, todo con la visión en que ellos pudieran lograr un rango y ganaran un viaje todo pagado por la empresa. Trabajamos duro varios meses en ello, hasta que se logró. Hicimos que veinte personas se ganaran un viaje pagado por la empresa al Caribe haciendo estrategias con ventas. Logramos mostrar que había un oasis del otro lado de la montaña trayendo un poco de agua para los que no se habían querido mover. En ese momento desapareció la incertidumbre y la gente empezó a creer nuevamente en el negocio.

No solo se necesita tener certeza, sino hacer que la visión se vaya volviendo una realidad al menos de poco en poco, pero con indicios que sí se está avanzando. La gente necesita ver que el negocio crece, ese sentimiento es lo que hace que el equipo accione.

3. **Congruencia**

Esto es algo básico que un líder debe tener. De aquí viene la famosa frase cliché de: *Lidera con el ejemplo*. Ser congruente significa que tus acciones deben encajar con tus palabras y compromisos. Lo que dices, lo cumples. Lo que pides a otros, ya lo haces tú. Y vamos a ser honestos, la verdad es que para mí esa frase de *lidera con el ejemplo* me tenía podrido, porque en un momento mi equipo ya había crecido y tenía múltiples líderes trabajando de forma sólida. No obstante, otros líderes venían y decían que *un líder nunca debe dejar de patrocinar personas*, pero yo pensaba, *¿y en qué momento descanso? ¿Debo seguir patrocinando con ese ritmo por el resto de mi vida? ¿No puedo enfocarme únicamente en* *formar líderes o crear eventos de alto impacto?* Me sentía presionado y culpable de ser mal líder, ¿dónde quedó entonces el apalancamiento?

Siento que, esto de liderar con el ejemplo, es algo que aprovechan algunos líderes como una estrategia para culpar y manipular para hacer que todos trabajen más y eso es algo que creo que no está bien. La verdad es que vender y patrocinar deja de ser una actividad principal cuando tienes equipos grandes. Es como que yo tenga una empresa de ropa y tenga que estar obligado a atender y vender la ropa a los clientes en las tiendas todos los días, cuando mi actividad principal podría ser negociar nuevos puntos de venta, diseñar nuevas prendas o crear mejores campañas de *marketing*. No tiene sentido que vender o reclutar sea una actividad obligatoria, porque en diferentes niveles van cambiando los roles.

Sin embargo, la congruencia no tiene nada que ver con eso. La congruencia es asumir tu rol con máximo compromiso. Es comprometerte al 100% con el negocio. Si quieres que tu equipo dé su 100%, primero tú debes dar ese 100%. Si quieres pedirle sacrificio a tus líderes, primero debes mostrar que lo haces. Si quieres que tu gente trate su negocio como una prioridad, demuéstrales con acciones que también es tu prioridad.

Ser congruente no exige grandes habilidades, tiene más que ver con la entrega. Por ello, como alguna vez mencioné: *se nota y se siente cuando un líder está enfocado.* Un líder congruente no trata de justificar con palabras que está haciendo las cosas, su entrega y enfoque se siente y se transmite. Por eso es que motivar con palabras es algo irrelevante en el negocio. Cuando uno está enfocado las palabras calzan bien, y cuando uno está desenfocado no hay palabras que sirvan para motivar.

He visto muchos casos de líderes que pierden la visión del negocio y su equipo empieza a caer y luego no logran levantarlo. En el fondo, ellos dejaron de creer en lo que hacían. Dejaron de ser congruentes, sus acciones ya no muestran ese compromiso, certeza y entrega. Y el equipo lo huele. Sin embargo, no es el fin del mundo, si te ha sucedido puedes replantear tu visión a algo que te llene más y tenga más sentido para ti. Debes hacer un buen autoanálisis. Pero recuerda: *No hay arma más letal que un líder motivado.*

4. **Capacidad**

Aquí aparece otra cualidad de la cual pocos hablan, porque es duro decir que alguien es incapaz. Pero a veces pasa que una persona sube de rango y no sabe cómo lo hizo o simplemente tuvo la suerte de encontrar buenos líderes. Para volvernos líderes debemos reconocer en qué somos buenos y si no lo tenemos claro debemos trabajar duro en ello.

Para demostrar que la visión se cumpla debes generar resultados, entonces tienes que ser bueno creando resultados. Un líder se vuelve influyente por su capacidad de generar algún tipo de cambio. De repente tiene el don de comunicar, puede ser su disciplina o su temple para aguantar momentos difíciles. Tal vez su carisma e interés por la gente anima a otros a unirse más. Todos tenemos virtudes y defectos, no podemos ser buenos en todo. Pero tampoco podemos ser malos en todo, sino simplemente estaríamos de más. Tenemos que volvernos buenos en algo. Y ese trabajo no lo logras comparándote con otros, sino viéndote accionar.

Por ejemplo, yo me di cuenta de que tenía varias cualidades y defectos y los apunté en una libreta para poder verlo mejor. Me di cuenta de que era bueno escuchando, caía bien a las personas, era bueno enseñando y tenía paciencia con la gente. También siempre logré avanzar siendo disciplinado y decidido al no abandonar mis metas. Finalmente, después de mucha práctica, me volví bueno haciendo presentaciones de negocio, dando seguimiento y hablando en público.

Al analizar mis defectos, me di cuenta de que habían cosas que me costaban, como prospectar, motivar equipos, hacer ventas y relacionarme con líderes de la empresa. Poco a poco fui también trabajando en estas habilidades, pero hacer un autoanálisis me ayudó a conocerme mejor y saber en qué áreas podría impactar más a otros. Si aún no tienes claro en qué eres bueno puede ser porque vas muy temprano en el proceso y debes continuar formándote. Tarde o temprano empezarán a brotar ciertas cualidades en ti. O mejor aún, pregúntale a alguna persona cercana a ti que tenga experiencia, que te pueda hacer notar tus cualidades. Retomando la idea, para ser mejores líderes debemos encontrar nuestro rol dentro del negocio y esto se logra trabajando duro en nosotros mismos para autodescubrirnos.

5. Curtimiento

Como hemos mencionado, la capacidad muchas veces la desarrollas con la experiencia. Y esto es algo que no podemos dejar de ver. Mientras más horas de vuelo acumules haciendo las actividades del negocio, más confiado y fuerte te vas a sentir en lo que haces. Por eso es que las personas que perseveran se vuelven buenas y empiezan a destacar. Lamentablemente no hay atajos para el éxito y de alguna manera hay que pagar un precio, ese es el costo del curtimiento. Si te sientes inseguro con tu liderazgo, puede ser que no estés lo suficientemente curtido en el negocio.

Hasta ahora, recuerdo las experiencias que más me curtieron como *networker* y líder. La primera probablemente sea vivir los cientos de rechazos de amigos, familiares y conocidos en las presentaciones de negocio que hice. Eso me hizo más fuerte, porque me di cuenta de que no todo el mundo es para el multinivel, pero eso no significa que el negocio no funcione o que yo no sirva para esto. Solo fue un proceso que me hizo más fuerte.

Otro momento importante fue cuando se me cayó la organización, debido a que uno de mis líderes se fue a otra empresa. Me dolió en el orgullo y en el cheque, pero tomé acción rápidamente para evitar que se contagiara una desmotivación en el equipo. Ahí entendí que es muy normal que esas cosas sucedan y que se puede trabajar para prevenirlas. Finalmente, el momento que más me curtió fue cuando decidí dejar la empresa en la que estaba, y viví momentos muy duros cuando muchas personas que eran cercanas a mí en el negocio me dieron la espalda. Me conmovió porque decenas de líderes pasaron de reconocerme a hablar mal de mí. Ese proceso dolió, pero me hizo más fuerte emocionalmente.

Estos procesos, por mencionar algunos —ya que fueron muchos más—, formaron curtimiento en mí. Me dieron una capacidad para poder mantenerme firme en momentos importantes y darle seguridad a mi equipo. Por eso, a veces pienso que no hay libro de liderazgo que te enseñe a ser líder mejor que los mismos golpes del negocio y la vida. El liderazgo, para mí, se aprende en las canchas y viviendo experiencias. Es importante que estemos abiertos a recibir estas lecciones, porque si las evitamos podemos mantenernos estancados y nunca crecer. Y esto explica por qué muchas personas tienen muchos años haciendo multinivel, pero su liderazgo no crece, porque no se arriesgan; el miedo los hace mantenerse inmóviles.

Sal a cometer errores, de los errores se aprende, de los aciertos muy poco. Hay una frase de Albert Einstein que me recuerda a este tema: *Un barco está siempre más seguro en un puerto, pero no fue construido para eso*. Todos nosotros tenemos el potencial de incrementar nuestro liderazgo, fuimos diseñados para eso. Pero recuerda, el crecimiento está del otro lado del miedo.

6. **Carácter**

El carácter nos puede hacer pensar en la firmeza del líder. Eso tiene que ver con la cualidad de la congruencia que ya mencioné —ser consecuente con lo que decimos—. El carácter también tiene que ver con tomar decisiones. Y es que un líder tiene el rol de tomar las decisiones difíciles. Esas que muchos evitan tomar para no entrar en conflicto o arriesgar. Pero no existe el progreso sin conflicto. Conozco muchos líderes que dejaron de crecer por dejar de tomar decisiones. Sienten que ya vivieron lo suficiente y ya no quieren aprender más. Cuando no quieras tomar una decisión por algún miedo, recuerda que alguien la va tomar por ti tarde o temprano. Si eres consciente de que tu negocio necesita un cambio de rumbo, debes ser el que ponga ese pie derecho.

¿Cómo puedo desarrollar carácter como líder? El momento en que tu equipo empieza a crecer es muy satisfactorio, pero siempre llega un momento en el que ese crecimiento se desacelera o se frena. Ahí es cuando el líder tiene que tener la audacia y experiencia para decidir cuál va ser el siguiente paso que lleve a un siguiente salto de crecimiento. Aún recuerdo que mi equipo estaba teniendo un crecimiento increíble, llenábamos auditorios completos de más de mil personas semanalmente para las capacitaciones. Pero surgió un problema, ya no había auditorios más grandes que pudiéramos rentar cada semana para albergar el equipo que se estaba formando.

Esto ocasionó que muchas personas semanalmente se quedaran fuera de los eventos. Inicialmente, eso enloquecía a las personas, porque les daba una urgencia de llegar más temprano para poder asegurar un asiento. Hasta que un día, más de cien personas quedaron fuera de una capacitación. Ese día nos dimos cuenta, con los líderes, de que necesitábamos hacer algo. Tomamos la decisión de separarnos por grupos, cada líder debía rentar un auditorio pequeño para su equipo. En mi caso, me tocó hacerlo con el equipo caído que tenía, por el líder que se fue a otra empresa. Así que me tocó empezar a formar oradores desde cero, porque la gran mayoría de ellos no tenían experiencia presentando el negocio en público y tampoco haciendo capacitaciones.

Además, no teníamos la seguridad de llenar los auditorios, porque sabíamos que a los líderes les faltaba motivación, pero asumimos el reto de hacerlo. Poco a poco fueron saliendo nuevos líderes y el equipo empezó a crecer nuevamente. Fue un periodo de dos años hasta que volvimos a llenar un auditorio de ochocientas personas solo con ese equipo nuevo. Esto me permitió ayudar a cuatro personas a superar la barrera de seis cifras en ingresos y me permitió a mí alcanzar el rango más alto en el país. Si no se hubiera tomado una decisión como esta, no podríamos haber logrado este poderoso avance. A veces, cuando se toman decisiones, se percibe un retroceso o empeoramiento; pero luego las cosas empiezan a tomar el rumbo. El líder debe tener la humildad de escuchar y aprender las ideas del equipo, pero debe tener el carácter de decidir para desestancar el negocio.

Recuerdo otra ocasión en la que tuve que tomar una decisión importante, y probablemente no hubiera tenido antes las agallas de hacerlo, pero se dio porque me acostumbré a tomar decisiones por el bien de mi equipo. Recuerdo que en un momento me volví la persona de ingresos más altos en mi país y uno de los *top* a nivel internacional. Mis equipos eran muy sólidos y generaban rangos nuevos todos los meses.

Nosotros habíamos logrado crear una cultura de ventas muy sólida, pero habían problemas de abastecimiento con los productos. La empresa demoraba en reponer los almacenes y se perdían muchas ventas por falta de *stock*. En ese momento yo no formaba parte de la junta directiva de líderes que se reunía con los dueños de la empresa, por lo que no podía hacerles ver lo perjudicados que estábamos siendo. Y no podía hacerles llegar esta incomodidad porque mis dos *uplines* más cercanos se habían ido del negocio. Cuando hacía sugerencias a otros líderes sentía que no tomaban muy en cuenta mis propuestas, ya que priorizaban las que ellos ideaban para sus mercados. Necesitaba hacer algo por el bien de mi equipo, porque se estaba generando una frustración fuerte con los retrasos. Así que tenía que encontrar de alguna manera la forma de contactar a los dueños de la empresa.

Me enteré de que el dueño de la compañía iba estar en Florida para unas conferencias y reuniones con otros líderes que vivían ahí. Así que decidí escribirle un correo a él y a los líderes, diciendo que me iba a autoinvitar a la reunión, poniendo como justificación a mi negocio, ya que era una parte fundamental de su facturación. Les expliqué mis razones y les dije que necesitaba comunicación directa con la empresa porque sentía que mis acercamientos habían sido pasados por alto. Finalmente les dije que, si ellos querían mantener nuestro compromiso en el negocio, también necesitaban demostrarlo al responder mi mensaje.

Y funcionó. Al día siguiente el dueño de la empresa se comunicó directamente conmigo para preguntarme acerca de mi frontal correo electrónico. Pude alzar la voz por encima para poder ayudar a mi equipo. El me pidió que tuviéramos una reunión virtual para poder conocer los detalles de la situación por la que estaba pasando mi negocio. No tuve la necesidad de viajar; pero, definitivamente, decidir hacer ese paso me permitió ser escuchado y resolver los problemas de *stock* que había en el país. Unas semanas después me invitaron a formar parte del comité de líderes, ya que mi equipo merecía que alguien los representara en las juntas. Recuerdo que ese correo no fue agradable para algunas personas y me tildaron de arrebatado y exagerado. Pero, sin lugar a dudas, tenía que hacer algo; ya que, si no tomaba decisiones, otros iban a tomarlas por mí.

Cuando un líder toma decisiones, debe saber que toda decisión trae un costo de oportunidad. Cuando eliges una nueva estrategia te arriesgas a que no funcione. Cuando dices lo que piensas, a alguien no le va a gustar lo que dices. Yo sabía que, con ese correo, me podía ganar varias antipatías de algunos líderes, pero en los siguientes meses trabajé en nuestra relación para que mejorara.

> Así aprendí que un liderazgo se tiene que hacer notar y eso se logra tomando decisiones por el bien de tu equipo.

"Hazlo mal, hazlo lento, hazlo con miedo o de cualquier forma, pero hazlo".

―――

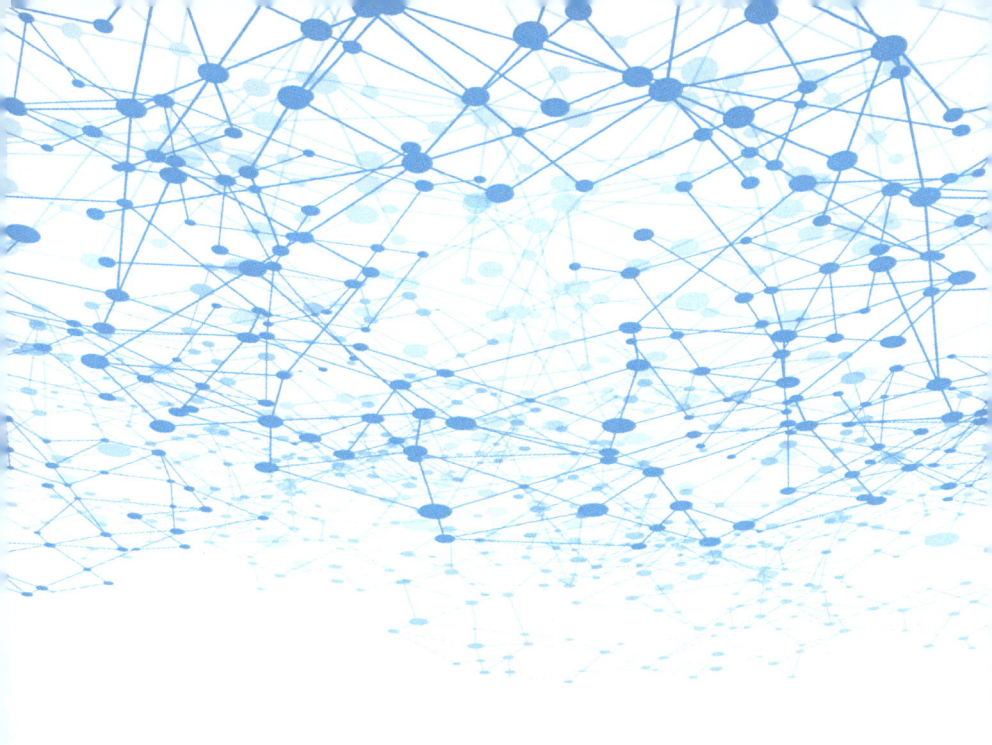

Capítulo 7

Trabajar en profundidad

Ya hemos hablado de cómo trabajar con los nuevos y cómo trabajar en nuestro propio liderazgo para impactar de mejor manera, pero hay una pregunta importante: *¿Dónde encuentro a esos líderes potenciales? ¿Debo traerlos yo mismo al negocio o existe una estrategia más fácil para lograrlo?* La estrategia más efectiva para encontrar líderes es aprender a trabajar en profundidad.

"Trabajar en profundidad" significa que pongas tu enfoque en la "sangre nueva", o sea, en las personas nuevas de tu organización. Si la gente nueva no gana dinero, tu negocio empieza a caer. Es por eso que una de las mejores estrategias para asegurar que tu negocio crezca y se sostenga es trabajar con la "sangre nueva". Y no solamente porque el negocio se sostenga así, sino porque también en la profundidad de tu negocio hay una lista de prospectos potenciales más grande que en tu propia lista; a esto se le llama trabajar la lista de la lista.

Quiero compartir la historia de por qué trabajar la profundidad fue algo tan importante para mi negocio. Recuerdo que, cuando ingresé en las ventas, una de las primeras personas que afilié era un amigo que se llamaba Santiago. Santiago inició en el negocio y rápidamente afilió a su amigo Juan Diego, pero él era un poco descuidado y no se comprometía mucho con el programa. Sin embargo, Juan Diego afilió a un chico que se llamaba Bebeto. Este chico, Bebeto, era más descuidado que él, incluso tenía fama de estar metido en drogas. Por supuesto que yo no le vi mucho potencial, pero él dejó en el negocio a un amigo suyo que se llamaba Edgar.

Edgar también tenía malos vicios, al igual que Bebeto. Por esta razón, nos pusimos a trabajar la lista de él para ver si podríamos encontrar a un prospecto con mejor perfil. Y lo logramos. Edgar afilió a su hermano que se llamaba Daniel y él sí tenía un potencial diferente para el negocio. Daniel era muy comprometido a todas las capacitaciones y tomaba mucha acción, no tenía miedo a prospectar en frío y se la pasaba toda la semana yendo a lugares públicos a proponer su oportunidad de negocio. El único problema de Daniel era que no se creía capaz de ser líder, pero por probabilidades logró afiliar a un chico de la universidad que se llamaba Andrés.

Andrés también le puso bastantes ganas al negocio, pero era muy emocional y rápidamente se empezó a desenfocar. Cuando trabajamos su lista de contactos cercanos, él logró afiliar a un chico que se llamaba Cristian. Este muchacho sí tenía una gran influencia en sus contactos, porque era uno de los más destacados en su universidad. Cristhian logró afiliar a más de veinte personas. El negocio se disparó y empezaron a salir muchos rangos nuevos y, dentro de ellos, llegó un chico que se llamaba Felipe, a quien finalmente le vimos todas las cualidades para ser un líder de alto rango: era proactivo, comprometido, no se perdía un solo evento, escuchaba las recomendaciones, le brillaban los ojos con los beneficios de la empresa y en él se sentía que verdaderamente quería ser un *networker* profesional.

Recuerdo que, cuando entré a mi oficina virtual, encontré a Felipe y vi que él se encontraba en el nivel 20 de profundidad después del patrocinado mío. Esto me sorprendió porque el primer líder catalizador que pude encontrar en ese equipo llegó después de diecinueve personas que no demostraban el potencial necesario para catapultar el negocio.

¿Por qué deberíamos confiarnos e ilusionarnos en las personas de nuestro equipo cuando en realidad lo mejor que podemos hacer es seguir trabajando en la profundidad de ellos hasta encontrarlos? Creo que muchos cometen el error de estancarse en las mismas personas en vez de enfocarse en su lista. Hay una frase que escuché de un *upline* que no me gusta repetir porque suena muy fría, pero tiene algo de cierto: *cuando llega un nuevo socio a tu organización, lo que te debe interesar de esa persona es su lista, a menos que te demuestre que es un líder.*

En otras palabras, lo que hay que hacer cada vez que llega alguien nuevo al negocio, es aprovechar el empujón anímico inicial de empezar para llegar a la mayor cantidad de contactos posible, ya que permanecer en el negocio y decidir hacerlo en serio es una decisión muy personal en la que tú no tienes control. Lo que tú sí puedes controlar, es el trabajo de la lista con los nuevos socios que sí toman acción.

La clave para medir la solidez de tu negocio

Es hora de hablar de métricas. Puedes trabajar duro, pero lo que no se mide no se mejora. Un profesional de redes de mercadeo debe ser estratégico y debe saber medir el crecimiento y la solidez de su negocio. ¿Cuál es la mejor forma de medir tu negocio? Muchas personas piensan que la mejor forma de medir tu negocio es viendo los volúmenes de ventas, la cantidad de gente activa y los rangos, pero a menudo eso genera una ilusión de que el negocio anda bien, cuando en verdad puede ser que el negocio esté por caer.

Te he mencionado dos razones principales de por qué las personas que hacen multinivel se frustran y abandonan su negocio: falta de contactos y ver que los afiliados no trabajan. Falta la tercera razón, que es cuando se cae la red. Alguna vez escuché a un líder *top* en su empresa decir: *lo que hace que mucha gente abandone su negocio es la diferencia de cheque entre un mes y otro.* Cuando la gente gana muy buen dinero y en los siguientes meses baja a la mitad o más, se desilusionan con las redes de mercadeo, porque piensan que el negocio o ellos como líderes no funcionan.

La verdad es que es una ilusión pensar que tu negocio anda muy bien solo porque subiste de rango o ganaste un buen cheque. Veo muchas personas que trabajan durísimo en cerrar metas de rangos o ventas, y hacen lo que sea para conseguirlo pensando en que ese es el verdadero éxito. Y cuando lo logran, se sienten dueños del mundo y celebran como si hubieran creado una máquina de generar dinero. Sin embargo, el siguiente mes su facturación baja. No saben cómo se logra una red estable.

Aún recuerdo que me obsesioné con la idea de hacer mi negocio estable cuando escuché decir a un mentor: *Lo importante no es alcanzar un rango, sino mantenerlo.* Y era muy acertado, si queremos tener ingresos residuales en nuestro negocio, ¿de qué nos sirve solo lucir un nuevo rango? Para que nuestro cheque sea estable debe haber un volumen recurrente. Por eso en mi carrera siempre prioricé la solidez ante la velocidad. Prefiero demorarme en alcanzar un rango que lidiar con una bajada de cheque que afecte la motivación de mi equipo. Me gusta ver que mi equipo gane ingresos constantes. Creo que un líder debe velar por la solidez económica de sus líderes, por esto me obsesioné con la estabilidad de un negocio multinivel.

Recuerdo que llegué a ganar más de medio millón de dólares sin tener el rango más alto de mi empresa aún, porque siempre prioricé la solidez de mi negocio. Y este es un problema en el modelo de negocio, hay muchas personas que gozan de un título de rango alto pero mantienen un rango mucho menor. Y cuando te siguen reconociendo por algo que en realidad ya no eres, se siente como un autoengaño y pierdes autoconfianza. Mi sugerencia para todo *networker* es proponerse la idea de que, si se va a trabajar duro por un rango, se debe seguir trabajando duro hasta que ese rango sea sólido y estable. ¿Cómo aprendí a ver si mi negocio estaba siendo estable? Quiero compartir contigo cuáles son las variables para tomar en cuenta y medir mejor tu negocio.

Líderes, líderes, líderes...

Lo único que puede determinar la estabilidad de tu cheque con una gran organización es la cantidad de líderes. Muchas personas sueltan las riendas de su negocio cuando no tienen líderes y por eso su equipo se cae. Entonces, ¿cómo saber si tienes líderes?

Un líder es alguien independiente que ya sabe generar resultados en su negocio y que no necesita que lo motiven para tomar acción. Ellos ya han decidido hacer esto en serio y no necesitan que les digan las cosas. Y no solo tienen motivación propia, sino que tienen las habilidades para generar sus propios resultados. Pero eso no es todo, hay un secreto que descubrí, y es que una persona se vuelve líder cuando empieza a formar otros líderes.

En otras palabras, no se enfoca en rangos o cerrar el mes, sino en formar a gente de su equipo. A veces, algunas personas parecen líderes porque trabajan duro, pero no lo llegan a ser porque hacen todo solos. Y el problema de eso es que algún día se van a cansar y ahí tu negocio se estancará. Debes buscar personas que activamente estén buscando formar a su gente.

> Ahí está la verdadera duplicación y solidez de un negocio multinivel: encontrar líderes, y los líderes son personas que forman a otros.

Otros indicadores importantes

Para medir la solidez de tu red, hay otras variables que te pueden servir. Como te digo, confiarse del volumen es un gran error, pero un volumen recurrente de ventas sí es un indicador bueno, ya que eso significa que hay una buena cantidad de clientes finales fidelizados que piden su producto mes a mes, pase lo que pase.

La ventaja de los clientes en tu red es que ellos no dependen de la motivación para crear volumen como los socios, ellos quieren hacer su compra mensualmente pase lo que pase. Esto asegura de cierta forma tu volumen.

Otra variable para tomar en cuenta en tu red, es la cantidad de líderes a tiempo completo. O sea, líderes que tengan buen rango, pero que esta sea su fuente de ingresos principal. Eso va a garantizar que el líder pueda dedicarle más tiempo al negocio que otras personas; y tiempo efectivo dedicado al negocio garantiza volumen. No te estoy aconsejando que animes a la gente a renunciar a su empleo, ya que esa es una decisión muy personal y además debe hacerse con cuidado en el momento correcto.

Finalmente, una variable para medir la estabilidad de tu negocio es identificar cuántos asistentes tienes en los eventos importantes. Aún recuerdo que uno de nuestros *uplines* de mayor experiencia nos decía que nunca debíamos perdernos ni un solo evento de capacitación. En ocasiones no me encontraba motivado para ir a los eventos, porque ya había escuchado las mismas charlas; pero la verdad es que en los eventos siempre hay alguien que va por primera vez. Y en esos momentos sucede una magia especial, sobre todo en los eventos masivos o en las convenciones. Muchos *networkers* exitosos que conozco tomaron la decisión de hacer su negocio en serio después de haber asistido a un gran evento que los inspiró. ¿En los eventos está la clave del crecimiento exponencial? A continuación te lo contaré.

¿Qué es la masa crítica, o la regla del 1%, y por qué funciona tanto para alcanzar rangos altos en tu negocio multinivel?

Aún recuerdo que mi negocio se estancó porque no estaban saliendo líderes nuevos. Estábamos pasando por un invierno en el negocio y recordé la frase que me compartieron en una ocasión: *la situación actual de tu negocio es el resultado de lo que hiciste hace seis meses*. En ese momento se realizaría un evento nacional en la empresa y me invitaron para contar mi historia en una capacitación de una hora. Promovimos ese evento como si fuera la clave más importante del año y logramos llevar a muchas personas del equipo. El evento contó con más de mil doscientos asistentes y, probablemente, la mitad de ellos eran de mi organización. Ese día di lo mejor de mí con la finalidad de poder inspirar a las personas para hacer el negocio más profesional usando mi historia como ejemplo.

Seis meses después de ese evento, un *downline* de mi organización subió a un rango donde empezó a ganar $2500 mensuales y este suceso fue un excelente impulso para el equipo. Después, muchas personas empezaron a crecer con su ejemplo. Un día agendé un almuerzo con él para reconocerlo por su esfuerzo; me confesó algo que me impactó mucho, pues me dijo que mi capacitación —la que había realizado el día del evento— movió algo en él y fue ahí donde decidió hacer el negocio mucho más en serio.

Para mí fue una gran sorpresa, porque fue una forma real de medir el impacto de una capacitación en los eventos. Ese día me quedé pensando en que, si en cada evento importante de la empresa, solo una o dos personas de mi equipo lograran comprometerse y seis meses después subir de rango, nuestro negocio se iba volver mucho más predecible. A esto le llamé la regla del 1%. Y es que, si tus esfuerzos pueden impactar solo en el 1% de tu organización, esto ya es una garantía de que tu negocio va a crecer en el mediano plazo. Pero, para que ese 1% sea efectivo, tienes que poder llegar a más de cien personas. A eso se llama **masa crítica**, la clave del crecimiento exponencial de un negocio multinivel está en saber usar este fenómeno.

No necesitas impactar a todos, solo necesitas impactar a un 1%. Al igual que el reclutamiento, la duplicación es un juego de probabilidades. De cada cien personas que lleguen a tu equipo, nueve de ellas van a ser líderes y uno será un líder catalizador. Entonces ¿qué debemos hacer? Traer a las cien personas primero. Mucha gente se centra en buscar a los líderes, uno por uno, o en pequeñas estrategias para acompañar a pocas personas y por eso fracasan, porque las probabilidades están en su contra.

Por ejemplo, por poner una estadística similar: se sabe que el 10% de la población mundial es zurda; eso significa que, en teoría, si juntamos a diez personas solo encontraremos un zurdo. Pero ello tampoco es garantía, puede ser que no tengas suerte de encontrar alguno. Para asegurarte de encontrar varios zurdos, debes juntar por lo menos cien personas. Eso mismo debe pasar en tu negocio: 10% van a ser líderes y un 1% será un líder excepcional.

Entonces, ¿cuánta gente debe llegar a tu negocio para asegurarte de encontrarlos? Pues cien, aunque, si quieres garantizarlo, yo diría que el estimado sería de doscientas a cuatrocientas personas. Ahí si vas a poder encontrar de dos a tres líderes excepcionales que cambiarán para siempre el curso de tus resultados.

Por todo lo que te acabo de contar, me obsesioné en aprender estrategias y dinámicas que puedan mover mis equipos para tener un mayor crecimiento, pero que no dependan tanto de mi tiempo. Por ello, vamos a hablar de estrategias para usar la masa crítica a tu favor.

"Invertir en ti mismo es la única inversión que siempre deja ganancias".

———

El camino del **Networker**

Capítulo 8:

Dinámicas de equipos para acelerar el crecimiento

Estas estrategias, que compartiré contigo a continuación, te van a servir cuando ya tengas un equipo considerable. Si tienes un equipo de veinte a treinta personas, estas dinámicas no tendrán el mismo efecto, ya que aún no has alcanzado el nivel de masa crítica. Esto no es un impedimento para aplicarlas, pero tienes que priorizar el trabajo básico de reclutar. Por poner un número, la masa crítica se logra cuando tienes un equipo de cien distribuidores activos. Si aún no llegas a ese nivel, dale más enfoque a trabajar duro en patrocinar y en trabajar la lista de los nuevos socios.

Eventos inclusivos y exclusivos

Los eventos son la clave para generar creencia y formar un buen ambiente de equipo. Existen dos tipos de eventos en tu negocio y es importante que los tengas bien identificados. Estos son los eventos exclusivos y los eventos inclusivos. Los inclusivos son a los que puede ir todo el mundo, como las capacitaciones semanales (virtuales o presenciales) o las convenciones abiertas. Los eventos inclusivos son clave para generar creencia, impregnar la filosofía necesaria, compartir historias inspiradoras y enseñar estrategias útiles al nuevo *networker*. El inconveniente, en los eventos masivos, es que ahí asisten todo tipo de personas y hay muchos que son fans de la empresa, pero que no hacen el negocio de forma profesional y esto impide que los líderes potenciales puedan contagiarse de la energía necesaria para seguirse desarrollando.

Por eso son clave los eventos exclusivos, espacios donde no todos pueden estar presentes, a menos que hayan calificado al lograr una meta específica. Estos espacios permiten juntar a los mejores aspirantes para ser líderes de un equipo al que puedan integrarse, compartir ideas y planificar nuevos niveles de crecimiento con personas que ya han pasado por ese proceso. Además, estos espacios de inmersión ayudan a generar cohesión, reducir el ego de los líderes y fomentan la creación de una filosofía compartida. Estos eventos generan, a su vez, un sentido de competencia para los que no pudieron calificar —por eso se llaman exclusivos—, algo clave que todo *networker* profesional debe saber crear es el sentido de aspiración y la cultura de merecimiento.

Usualmente las compañías de MLM organizan viajes de incentivo o convenciones para ciertos rangos; eso siempre marca un antes y un después en la facturación de las empresas. Pero esto es algo que no solo lo pueden crear las mismas compañías, los líderes también lo pueden hacer y, en mi opinión, lo deben hacer.

Integraciones

Las integraciones son, por ejemplo, un espacio que funciona para generar cohesión de grupo, que también nutre positivamente al equipo. Este tipo de espacios deben ser presenciales, ya que virtualmente no se genera el mismo impacto. Por ejemplo, recuerdo que hicimos un reto de productividad en el equipo; durante un mes, todos los que cumplían cierta cantidad de afiliaciones o subían de rango se irían con los líderes de rango alto a un retiro de mentalidad en una casa de campo. En ese *Bootcamp* o "campo de entrenamiento" hicimos algunos ejercicios de mentalidad y estrategias a cargo de algunos líderes, también hicimos dinámicas de equipos (como cocinar juntos y compartir mucho de forma cercana).

Aún recuerdo que ese retiro fue fundamental para que dos líderes potenciales nuevos afianzaran un poco más su confianza en el negocio y se sintieran más cerca de los líderes. A veces, también conviene hacer integraciones inclusivas, donde se pueda encontrar todo el mundo porque el resto de las personas que se encuentran en el negocio también son parte de él; por esa razón, hacer espacios exclusivos es fundamental. Sobre todo porque el reconocimiento se vuelve un reto para la gente.

> El reconocimiento mueve a las personas, la gente no quiere quedarse fuera y lucharán hasta el final para estar presentes.

Incentivos

Los incentivos también son una táctica genial para aumentar la productividad de tu equipo y te permite descubrir futuros líderes. Recuerdo que hicimos un reto de ventas y afiliaciones, en esa actividad sorteamos un viaje de crucero por Brasil a los que lograran tener por lo menos diez afiliaciones y diez ventas en un mes. La gente se volvió loca por ganar y empezó a trabajar duro en su negocio. Si hay algo que mueve a la gente son los viajes. Dos señoras se ganaron el crucero y fue emocionante ver cómo se fueron con su familia y eso no solo les permitió darse un buen gusto, sino que también tuvieron la oportunidad de vender mejor y lograron compartir su estilo de vida en el viaje.

A la hora de crear incentivos, te recomiendo dar únicamente dos tipos de premios: premios que le permitan al socio a vender un mejor estilo de vida (como viajes y estadías en algún lugar bonito) o espacios de aprendizajes (cursos, mentorías con líderes, libros, etc.). No te aconsejo dar dinero, celulares o esas cosas, ya que al dar dinero o algo material estás diciendo implícitamente que el plan de pago no paga lo suficiente. Si vas a regalar algo que sea "instagrameable" o "tiktokeable", que las personas lo puedan mostrar de alguna manera.

Así mismo, te recomiendo que los incentivos no se den todo el tiempo, ya que la gente se vuelve dependiente de ellos, y cuando no hay incentivos no hacen nada. Los incentivos te permiten acelerar el crecimiento de tu negocio, pero ten cuidado de no usarlos en exceso.

Otro punto importante de los incentivos es que busques la manera de premiar a dos o tres personas, no solo a una persona. Toma en cuenta que todos puedan ganar porque, cuando son pocos premios o son sorteos, los que están un poco lejos piensan que los más habilidosos les van a ganar. En otras palabras, puedes poner dos incentivos: uno para los que logren un resultado y otro para el mejor de ellos, así todos se mantienen motivados hasta el final.

Power Upline: una App para gamificar el negocio

Algo que sirve mucho es crear alguna dinámica en la que hacer el negocio no solo nos dé un resultado, sino que también forme parte de un juego en el que los que sumen más puntos se les otorgue un reconocimiento de productividad y algún premio adicional.

Hace un año creé una aplicación llamada *Power Upline*. La app te permite hacer un reto de citas con tu equipo. La puedes encontrar en este link: www.powerupline.com. La dinámica consiste en que cada uno de tus integrantes se crea un usuario con su contraseña y debe subir una foto o evidencia de que está teniendo reuniones de negocio y sumar puntos. Tú decides con tu equipo cuánto tiempo durará el reto y cuántos puntos —mínimos y máximos— debe hacer cada uno de ellos para ganar el reto; también pueden inventar reglas adicionales si lo desean. Hacer el negocio divertido aumenta la acción en las personas y este es un excelente *hack* para lograrlo.

Equipos de desarrollo

Los equipos de desarrollo o equipos élite son grupos privados donde puedes formar nuevos líderes e impulsarlos a dar un salto en sus negocios. Durante mi carrera como *networker* he creado por lo menos a veinte equipos de desarrollo y te puedo compartir que ha sido una de las mejores fábricas de liderazgo de mi negocio. Te voy a compartir a detalle cómo puedes formar una. Solo recuerda que para hacer un equipo de desarrollo debes contar con una organización mediana de por lo menos de cincuenta personas, si no cuentas con esa cantidad de personas, difícilmente encontrarás los candidatos necesarios para hacer que funcione.

1. Conformación del equipo élite:

    - Invita a personas que estén manteniendo un resultado y tengan un buen ritmo de trabajo, no invites a personas desenfocadas pretendiendo que esto sea un salvavidas para ellos porque a veces terminan siendo las manzanas podridas que contagian negatividad en el grupo.

    - Los integrantes deben tener un nivel de resultados similar. No debe haber mucha brecha de resultados entre ellos, ya que los de rango alto pueden sentir que es una pérdida de tiempo para ellos y así el grupo no funcionará.

    - Crea un grupo de ocho a doce personas. Nunca dejes que baje de cinco, ya que esto puede bajar la energía y la gente pierde interés.

2. Desarrollo del grupo:

- Hazlo con límite de duración. Puede ser de dos a cuatro meses, dependiendo de las metas que se pongan, yo lo solía hacer de tres meses. Explica claramente que el grupo tiene un tiempo de duración por el objetivo.

- Define objetivos claros antes de empezar el grupo. Estos objetivos pueden ser medidos en habilidades, conocimiento y resultados. Por ejemplo, aprender a reclutar como un profesional, aprender fundamentos de la profesión leyendo tres libros claves y aumentar las ganancias de tu cheque al doble o subir de rango.

- No permitas que asistan menos de cinco personas a una reunión, se sentirá la falta de energía y las personas perderán la motivación de seguir asistiendo. Coloca la regla general que tiene que haber ese *quorum* mínimo, si no, la reunión no se va a poder dar.

- Opcional: Colocar un requisito de producción personal para mantenerse dentro del grupo. Por ejemplo: por lo menos vender una cantidad específica de productos y hacer una afiliación al mes. En caso de que lo hagas, debes comunicárselo a cada uno de los integrantes antes de invitar al grupo para que la persona no se sorprenda y así tenga conocimiento de lo que está entrando, teniendo la opción de no aceptar.

- Lean libros de redes de mercadeo o desarrollo personal. Esto depende mucho de la habilidad que quieras reforzar. Podrían leer este libro, sería una gran opción. En todo caso es mejor que lo decidan entre todos. El libro que más he usado en mis grupos de desarrollo es *Haciendo que el primer círculo funcione* de Randy Gage.

- Las reglas del grupo te aconsejo que las definan entre todos. No impongas las reglas, ya que te pueden percibir como autoritario, es mejor que tú plantees algunas opciones y el resto discuta y elija los acuerdos necesarios para el funcionamiento del grupo.

- No te aconsejo poner metas obligatorias más allá de la producción personal, eso exige mucho más compromiso y cohesión, es algo que no se logra fácilmente a menos que sientas confianza con el equipo para hacerlo. Además, al poner metas semanales tienes que rendir cuentas en vivo y eso es algo difícil de manejar si no tienes la experiencia suficiente y no te has ganado a las personas.

- Practiquen habilidades en grupo y que los integrantes se den *feedback* entre ellos. Pueden practicar al contar su propia historia en tres minutos, practicar invitaciones por llamada, hacer un cierre, manejar objeciones o hacer una pequeña ponencia de veinte minutos para practicar oratoria.

- Notarás que en el grupo van a haber varios tipos de personas. Entre ellos siempre hay alguien que habla poco. Esta persona normalmente habla menos porque siente que sus ideas son distintas al grupo. Por ello te aconsejo que de forma sutil puedas animarlo a hablar porque usualmente los callados tienen buenas ideas para conversar y suelen sacar trapos sucios importantes que permitirán unir más al grupo.

- Trata de poner en la mesa temas de controversia, hacer entrar en conflicto al grupo les permite entender diferentes formas de pensar y enriquece a las personas.

- Prepárate bien para cada reunión. Si improvisas temas o ideas la gente sentirá que no tienes el compromiso necesario. Por ejemplo, puedes hacer una lista de temas para conversar en cada reunión. Pon los temas sobre la mesa y deja que las personas se pongan a conversar; al final reúne las ideas y saca conclusiones a partir de lo que ellos hablaron. Así se sentirán tomados en cuenta y parte de un grupo.

- Es importante que se hagan cumplir las reglas y acuerdos. En el momento en que no se cumpla una regla el equipo deja de creer en la dinámica y el líder pierde credibilidad. Por ejemplo, si se quedó en el acuerdo de hacer una producción mínima al mes y alguien no la cumple, se debe cumplir la sanción definida, ya sea suspensión o expulsión.

3. Estructura de la reunión:

- El tiempo ideal de cada reunión es de sesenta a noventa minutos.

- Puede funcionar perfectamente hacerlo por videollamada, sobre todo si tienes equipos en diferentes lugares.

- En el caso de ser una reunión de forma virtual y tienen la oportunidad de juntarse presencialmente, les permitirá generar buena cohesión.

- Los primeros cinco minutos pueden priorizarlos para compartir noticias positivas de cosas que le ha pasado a cada uno. Un ejemplo de secuencia podría ser: 5 minutos de noticias positivas, 30 minutos de análisis de libro, 40 minutos para practicar habilidades y 15 minutos para discutir algún tema importante.

Manejar equipos élite o equipos de desarrollo no es fácil, pero es una de las cosas que se aprenden haciendo, así que no temas y lánzate a liderar tu primer equipo de desarrollo.

Crear culturas

Una de las tácticas más efectivas para tener el control de tu negocio es inculcar culturas beneficiosas dentro de tu equipo. ¿Qué es la cultura en una organización? Son las creencias, comportamientos y normas que definen el comportamiento de un grupo de personas. Son acuerdos sociales implícitos que rigen nuestra conducta.

Hace unos días saludé a una pareja de amigos que viven cerca a mi casa y mi amiga no me saludó con un beso, algo raro que no ocurre normalmente en mi país —tal vez en el tuyo sí lo es—. Lo primero que pensé fue que podría estar molesta conmigo por alguna razón, pero después recordé que ella siempre ha sido así, desde que la conocí. Solo saludaba de voz, nunca supe sus razones; pero, al margen de eso, me quedé pensando en lo siguiente: ¿quién nos obliga a saludar con beso? ¿Es algo que si no hacemos está mal? ¿Por qué es importante decir "hola" cuando ves a un amigo? ¿No sería más práctico solo hablarle de frente y ahorrarte el "hola"? La verdad es que me puse a pensar en por qué hay cosas que tenemos que hacer a pesar de que no nos provoquen. Esas son las convenciones sociales, son comportamientos sociales que se esperan de la gente para el beneficio de la sociedad en general.

Y, así como existen convenciones en una cultura, dentro de una organización o grupo humano existen también. Estos acuerdos sirven para garantizar que un equipo pueda funcionar bien y se alcancen los objetivos necesarios.

En un negocio multinivel crear cultura es clave, porque, como hemos hablado antes, aquí no hay jefes. Entonces, se necesita algo que fomente comportamientos clave que puedan hacer crecer a la organización y, por lo tanto, al negocio. Es como las leyes, nadie te obliga a cumplirlas, pero no cumplirlas te perjudica. Nadie te obliga a no cruzar la calle cuando hay luz roja, pero si lo haces podrías dañar a alguien y además verte perjudicado. Cuando existe una cultura bien marcada en una organización, las personas de forma saludable y natural se sienten presionadas a actuar de cierta manera.

En mi experiencia, crear una cultura no es un proceso rápido, pero, cuando se fomenta de forma constante, en cuestión de meses se empieza a forjar. Yo me ponía la meta de tener seis meses para forjar una nueva cultura y ver sus efectos positivos en el negocio. Quiero compartir contigo seis culturas que para mí han sido claves en la construcción de un negocio sólido y lucrativo.

Cultura de edificación

La edificación no solo es hablar bien de los líderes y de las personas en general, sino generar un verdadero respeto. A veces, pueden haber malentendidos y diferencias entre los líderes, pero ellos nunca deben comentárselos a la organización porque las diferencias personales son solo personales y los trapos sucios se deben limpiar en casa. La organización debe sentir que todos los líderes son importantes.

Algo que sucede cuando crecen los equipos en una compañía multinivel es que empiezan a haber competencias por cuál equipo es mejor. Eso no debe fomentarse porque genera rivalidad. Debe crearse un sentido de unión y confraternidad, como si todos en la compañía fueran de un solo equipo, a menos que un equipo esté haciendo algo antiético que deba denunciarse. Por ello, ni siquiera te aconsejo estar preguntándole a los demás "de qué equipo eres", haz sentir a todos como parte de tu equipo.

Para crear una cultura de edificación en el negocio la premisa es simple: *nadie debe hablar mal de nadie*. El chisme es el cáncer de la cultura de respeto en una organización. Una vez puse en práctica algo que aprendí en un entrenamiento de cultura. Se me acercó una persona de mi equipo que era muy chismosa y siempre criticaba a los líderes y me dijo: *Mihail, no sabes lo que me acabo de enterar de tal líder*. Y yo le respondí: *¿lo que me vas a contar suma a nuestro negocio? Porque si es así, en todo caso no me lo comentes*. Ella sola se dio cuenta de que estaba teniendo un comentario tóxico y no siguió. Le supe poner el límite a la mala cultura. Cuando veas que alguien hable mal de un líder, inmediatamente corrige a la persona, la hierba mala se tiene que arrancar de raíz porque fomentan una cultura inversa, en este caso de edificación.

Cultura de ética y construcción responsable

Con cultura de ética nos referimos a varios aspectos, pero básicamente a respetar las normas y procedimientos que tiene la compañía. Un tema que siempre saldrá a la luz es el robo de prospectos en la organización, cuando alguien está por afiliarse a alguien, pero esa persona termina enrolándose con otra persona de otra organización. Efectivamente hay muchos matices en estas situaciones y es difícil identificar cuando se está robando un prospecto; pero lo que hagas siempre será ejemplo para tu organización.

La decisión final siempre la va tener el prospecto, pero tú no debes influir en ellos para que cambien de opinión. Mi regla personal siempre ha sido la siguiente: *Si yo le presento el negocio o el producto a alguien, pero me entero de que ya le han presentado hace poco tiempo, yo prefiero perder un prospecto a dar un mal ejemplo para mi equipo.* Yo le digo a la persona que se afilie con quien le presentó primero y me niego a hacerlo yo. Si todos pensáramos así no habría problemas, pero la gente a veces se desespera porque sienten que le están quitando un prospecto. Al final es solo una persona menos, nada más.

Otras cosas que no deben permitirse es que se sobrevenda el negocio, el plan de pagos, las bondades o los detalles de los productos. Si alguien hiciera algo incorrecto debes decírselo inmediatamente. Recordemos que un líder siempre debe decir las cosas y la mala hierba siempre se debe arrancar de raíz. Y si la persona no hace caso, se le debe advertir que se denunciará al área de cumplimientos de la empresa.

En una ocasión, un líder con rango de mi equipo empezó a sobrevender el negocio, hacer falsas promesas y robar algunos prospectos. Le advertí amablemente que estaba mal y que, si lo seguía haciendo, esa actividad se tenía que denunciar. Él pensó que no lo íbamos a hacer porque su volumen nos hacía más grueso el cheque de comisiones, pero honestamente no me tembló la mano en enviarle un correo a la empresa para denunciar con pruebas sus actos incorrectos. A los pocos días la empresa le borró el código y tuvo que irse a otro multinivel. Cuando se trata de ética no hay nada que pueda estar por encima de ello. Muchas personas tienen temor a denunciar cosas por miedo a debilitar su cheque o su rango, pero algo que aprendí de un gran mentor es que con ética a veces se crece más lento, pero se crece mucho más sólido. Después de hacer ese acto de denunciar a mi propio líder, el resto de los líderes en mi organización me respetaron más, pero sobre todo empezaron a respetar mucho más los códigos éticos de la empresa. Pero por encima de todo se sintieron empoderados porque se dieron cuenta de que estábamos en un negocio donde los valores están por encima de las conveniencias.

Cultura de educación

El hábito de la educación es clave para un *networker*. Estamos en un negocio que nos exige mucha mentalidad de inteligencia emocional. Tenemos que aprender muchas habilidades blandas. El multinivel es una universidad de habilidades blandas, por eso nos sirve tanto acelerar ese aprendizaje complementando nuestra acción masiva, teniendo el hábito de educarnos.

Pero es verdad que hay muchas personas que nunca cogen un libro, nunca pueden terminar un pódcast o les cuesta dedicar minutos al día a aprender. Por eso es importante que se promueva la educación. Algo que recuerdo que se implementó en mi compañía era una cultura de audios del mes y libro del mes. Hoy en día veo cómo muchos equipos usan la aplicación llamada Mixler para hacer capacitaciones en vivo en ciertos horarios del día para que las personas aprendan el hábito diario de autocapacitarse. ¿Cómo se logra fomentar una cultura de capacitación? Con el ejemplo, pero también hablando desde el porqué. No le digas a tu equipo que se capacite, dile por qué le va a ser útil. Cuéntalo como una historia. Por ejemplo, a mí me encantaba decir que los audios de mentalidad de Jim Rohn me hicieron subir de rango porque me ayudaron a tener una mentalidad de abundancia frente al negocio. No le digas a la gente que se capacite, diles por qué tú lo haces.

Cultura de mentalidad empresarial

Una vez, un mentor me escuchó decir que tenía unos problemas en el negocio. Él volteó y me dijo: *Mihail, no son problemas, es mejor llamarlos retos, porque así tu mente lo percibe como una oportunidad para crecer y aprender.*

En otra ocasión, recuerdo que con algunos líderes nos habíamos molestado con la empresa porque uno de los productos más importantes se había quedado sin *stock* en el país justo cuando estábamos en cierre de mes en el negocio. Y este líder nos dijo: *si hay un producto que no tiene stock es nuestra oportunidad para darle importancia a otro qué tal vez estamos dejando de lado*. Y efectivamente hicimos una campaña para promover el otro producto que no era muy consumido, pero que era igualmente un excelente producto.

Así como estas dos anécdotas tengo muchísimas más. Y es que con nuestro ejemplo y nuestra forma de ver las cosas inculcamos una mentalidad de optimismo frente a los retos del negocio. El negocio siempre va traer obstáculos, pero depende de nosotros aprender a verlos como una oportunidad. ¿Imagínate cómo sería tu negocio si cada una de las personas de tu equipo vieran los obstáculos como oportunidad? Cada rechazo sería una motivación a sentir más cerca una venta o afiliación. Se verían resultados fabulosos, por eso tenemos que promover una cultura de mentalidad empresarial, hay que enseñarle a nuestro equipo cómo debe pensar un *networker* exitoso.

Cada vez que me sucedía algo en el negocio, una de las cosas que pensaba era: *¿qué haría mi mentor en esta situación?*, él ya había sembrado una semilla de mentalidad en mí y yo poco a poco la estaba desarrollando. Recuerdo la primera vez que me nació un comentario de forma natural cuando estaba con un *downline*, regresándonos en bus a nuestras casas después de un evento a las once de la noche. Estábamos cansados, parados en el bus, apretados con otras quince personas y le comenté lo siguiente a mi socio: *Acuérdate de este momento, en un par de años lo vamos a recordar como un momento clave y disfruta también estar aquí apretado en un bus con quince personas, porque en un par de años estaremos cada uno en su auto propio recordando el proceso que vivimos.* Le transmití visión y actitud positiva frente a lo que estábamos viviendo.

Cultura de excelencia

La cultura de excelencia significa que las personas no solo tomen acción por llegar a un resultado, sino porque el hecho de dar lo mejor de sí mismos los vuelve automáticamente exitosos. Como cuando nuestro profesor de atletismo nos decía en la escuela: *Lo importante no es llegar primero, sino darlo todo.* Muchos *networkers*, cuando ven que están lejos de su meta, sueltan el acelerador porque se dan cuenta de que igual no van a cerrar el rango que querían. ¿Qué ejemplo crees que están dando a su equipo? Le están haciendo ver a su equipo que uno solo toma acción cuando las cosas están bien, pero en realidad tiene que ser al revés, cuando las cosas van mal es cuando uno tiene que perseverar mucho más. Hay una frase que me encantaba mostrar a mi equipo que era: *como terminas el mes empiezas el siguiente.* Si cierras el mes dando todo, el negocio te sorprenderá y verás cosas positivas muy pronto.

La cultura de excelencia sirve mucho para enseñar a la gente a ser productivos. Aún recuerdo que hicimos un reto muy interesante en el equipo nuevo que estaba levantando. La gente estaba bien dormida y el grupo de *chat* que teníamos estaba más apagado que cigarrillo de náufrago. Hicimos el reto de subir fotos de presentaciones de negocio por lo menos una vez al día. Así, el resto de personas que andaban dormidos se empezaron a sentir incoherentes por solo ver que no estaban haciendo lo necesario. De repente algunos ni con eso iban a tomar acción, pero ya se iban a sentir ridículos de poner una excusa para su falta de resultados. Ese reto de prueba social de productividad nos hizo levantar la energía del equipo porque muy pronto se tradujo en afiliaciones.

Otra actividad que se popularizó en mi equipo como parte de una cultura de excelencia eran las famosas horas de fuerza o *power hour*, reuniones donde nos juntábamos varios socios a prospectar, hacer invitaciones y cierres al mismo tiempo. Eso generaba mucha energía y ayudaba a los nuevos a perder el miedo al rechazo porque veían que a todos nos pasaba lo mismo y lo afrontamos con una actitud muy positiva. Esas sesiones de *power to hour* duraban una hora, pero logramos sacar una cantidad increíble de citas. Crear una cultura de *power hours* no sirvió para ayudar a los que les costaba tomar acción.

Cultura de congruencia

Ya hemos definido la congruencia antes en este capítulo, así que básicamente con esta cultura me refiero a que hay que ser ejemplo en todo sentido. Si estás en una compañía que vende salud y bienestar, debes estar en forma o por lo menos verte saludable. Si estás en una empresa de la industria de viajes, debes usar el servicio. Ya sea cual sea el rubro, debes vivir la filosofía de lo que vende la empresa. Si le pides a tu equipo compromiso, a ti se te tiene que notar el compromiso mayor. Esta cultura ayuda a que todos no solo se preocupen por ayudar a su equipo, sino que se ayuden a ellos mismos a ser ejemplo siempre.

Frases que se vuelven improntas

Una forma eficaz de promover una cultura es anunciando continuamente una frase que la represente. Las frases buenas quedan en la mente de la gente como un tatuaje permanente cuando se promueven lo suficiente. Por ello, te aconsejo que cada vez que quieras crear una nueva cultura en tu equipo busques una frase que la valide y recuerden siempre.

A continuación, te comparto algunos ejemplos de cada cultura:

1. **Cultura de congruencia:**

   - *Tenemos que ser producto del producto.*
   - *El mejor vendedor es un cliente satisfecho.*
   - *No hay segunda oportunidad para una primera impresión.*

- *¿Te afiliarías contigo mismo?*
- *Para ayudar a otros debemos ayudarnos a nosotros mismos primero.*

2. **Cultura de educación:**

- *El que no se educa caduca.*
- *Deja que tus bolsillos llenen tu mente y tu mente se encargará de llenar tus bolsillos.*
- *Es inteligente aprender de tus errores, pero es sabio aprender de los errores de los demás.*

3. **Cultura de edificación:**

- *Si Pedro habla mal de Juan, eso habla más de Pedro que de Juan.*
- *Cuando señalas a alguien recuerda qué hay cuatro dedos apuntándote a ti.*
- *El que no vive para servir, no sirve para vivir.*
- *El chisme muere cuando llega a oídos de una persona inteligente.*

4. **Cultura de excelencia:**

- *Como terminas el mes empiezas el siguiente.*
- *Tú no construyes tu negocio, tú construyes tus hábitos y tus hábitos construyen tu negocio.*
- *Prefiero el dolor de la disciplina que el dolor del arrepentimiento.*

5. **Cultura de ética:**

- *Como haces una cosa las haces todas.*
- *Lo importante es lo que haces cuando no te ven.*
- *Todo lo que siembras, cosechas.*

6. **Cultura de mentalidad:**

- *Si de todas maneras vas a pensar, mejor pensar en grande.*
- *Apunta al cielo para llegar a las estrellas.*
- *El que más dinero gana es el que a más personas ayuda.*

¿Cómo hacer capacitaciones de alto impacto?

Recuerdo la primera vez que me invitaron a capacitar para mi compañía. Fue para un público de cien personas. Caminaba como pingüino sin dejar de mirar al piso. Cuando hacía presentaciones de negocio en público era peor, porque la mayoría eran invitados y a menudo me ponía a tartamudear. Nunca dejé de aceptar estos desafíos de hablar en público porque yo veía que los líderes lo hacían siempre, así que pensé que era parte de la profesión.

He leído varios libros de oratoria y he llevado cursos de comunicación efectiva, pero no me volví bueno en este tema hasta que me tocó alquilar salones para alquilar mis propios eventos. Antes había leído libros y llevado cursos de oratoria, pero ahí aprendí que esta habilidad se aprende con horas de vuelo. Si quieres ser un gran entrenador, trata de hablar lo más frecuentemente posible que puedas, esto acelerará tu aprendizaje enormemente. Yo recuerdo que durante un año hablé en público dos veces por semana con grupos de mínimo cien personas. Ese fue el mejor curso de oratoria que pude llevar y fue gratis, aunque no tan gratis porque yo alquilaba los salones y a veces no se llenaban. Pero fue la mejor inversión que hice. Se dice que cuando un equipo gana un nuevo orador, se garantiza el crecimiento.

Aun no entiendo cómo algunas empresas no forman a sus líderes para ser mejores oradores. He asistido a eventos de algunas compañías y no hay nada más desanimante que escuchar a un expositor aburrido. Se te va todo el interés. Personalmente tuve el lujo de pertenecer a una empresa donde habían unos oradores increíbles, por ello siento que con los años pude aprender y tener mucha intuición con la oratoria.

Antes de compartirte los siete ingredientes claves que debes comunicar en una capacitación, quiero hacerte recordar que no cometas el error de dejar pasar por alto esta habilidad. Muchas personas tienen pánico escénico y por ese mismo miedo nunca se animan a desarrollarse como *networkers*. Por más que sientas miedo, hazlo, acepta que es parte de ser un *networker* profesional, te aseguro que va a valer la pena. El negocio se hace más fácil cuando puedes impactar a más personas a la vez. El *networker* de reuniones 1 a 1 puede ser efectivo, pero el *networker* orador llega a las masas y logra poner en acción a cientos de personas en cuestión de minutos. Ya sea oratoria virtual o presencial, el principio es el mismo, comunicar de forma efectiva e inspiradora a muchas personas.

Estos son los siete ingredientes infaltables que deben haber en una capacitación. Puede aplicarse también en presentaciones de negocio. Es cuestión de que sepas cómo integrarlos.

1. **Contar historias**

   El *storytelling* es de las cosas más importantes para un comunicador. El cerebro aprende, retiene y mantiene más la atención con historias. Si te has fijado, este libro ha tenido muchas anécdotas personales y probablemente te acuerdes más de las anécdotas que de los conceptos. Es más, las historias te hacen recordar los conceptos y no al revés. Cada vez que hables en público cuenta historias que respalden lo que dices. Verás cómo mantienes mucho más la atención del público y lograrás calar mejor tus mensajes. Piensa bien las historias que vas a contar, porque la calidad de las historias también mide la calidad de tu ponencia. Pueden ser anécdotas propias o de otras personas, historias que aprendiste de un libro, una película o incluso un cuento corto.

2. Hablar desde el porqué

Un error que cometen muchos *networkers* cuando dan capacitaciones o presentaciones, es que solo informan o dicen qué hacer. En otras palabras, hablan del por qué o el cómo, pero nada transmite tanto como el porqué. Cuando hablas desde el porqué le das motivos para darle con todo el negocio. A mí me encanta una frase que dice: *Cuando el porqué se fortalece, el cómo se simplifica.* Hay personas sobrecapacitadas, pero que no tienen resultados por falta de acción que se debe a un porqué que los mueva.

Cuando empecé a hablar desde el porqué en mis charlas, noté que la gente salía mucho más inspirada que antes. En alguna parte de tu charla debes incluir algo que transmita certeza del negocio, la empresa, el equipo o la visión. Puede ser una historia de cómo te cerraste en el negocio o una historia de cómo te convenciste de que estabas en el lugar correcto. Recuerda siempre hablar desde el porqué. ¿Por qué están en la mejor compañía? ¿Por qué es el mejor producto del mercado? ¿Por qué el fundador de la empresa tiene una visión única? ¿Qué es lo que hace única a tu compañía y por qué deberían todos estar orgullosos?

3. Hablar máximo dos o tres temas

El que mucho abarca, poco aprieta. Recuerdo alguna vez haber visto un libro que decía *12 princi-*

pios para ser exitoso, fue muy entretenido, pero no me acordé luego de ninguno solo. Es mejor que le dediques más tiempo a profundizar en una sola idea, en vez de mencionar muchos consejos uno tras otro. Por ejemplo, si vas a hablar de ritmo de trabajo, puedes empezar hablando de hábitos y explicar con dos o tres historias y ejemplos por qué la creación de hábitos es clave para ser exitoso. Mientras más desarrolles un tema, más quedará en la mente de las personas. Al final de una capacitación no importa qué tan buena fue, sino qué se lleva la gente.

4. **Invitar a tomar acción**

    Si vas a enseñar o profundizar en un concepto, no te quedes solo en la agradable teoría. Es importante que dejes una tarea y seas específico de cómo implementarla. Lo que más queremos en nuestro negocio es que la gente después de capacitarse vaya a tomar acción inmediatamente.

5. **Muestra resultados en tus capacitaciones**

    Por ejemplo, si vas a hablar de una nueva estrategia, menciona a las personas que la han implementado para que adquiera más validez, todo lo que enseñes trata de acompañarlo con una prueba de que funciona, así tus presentaciones serán mucho más motivadoras y persuasivas.

6. **Haz reconocimientos**

   Aprovecha los espacios en público para destacar a las personas que vienen haciendo las cosas bien. Hay una frase que dice: *Reconoce en público y da feedback en privado*. Un buen porcentaje de la gente muere por ser reconocida y, cuando lo haces, no solamente empoderas a los que se lo merecen, sino que también retas a los demás para que quieran recibir ese mismo reconocimiento. Algo que funciona muy bien es que por lo menos una vez al mes reconozcas en eventos grandes a las personas que suben de rango o vienen logrando buenos resultados.

7. **Deja lo mejor para el final**

   Este es un *hack* increíble que te puede funcionar muy bien a pesar de que tengas poco tiempo hablando en público. Deja lo mejor de tu charla para el final, eso va a hacer que tu energía vaya de menos a más y, además, que la gente se quede al final con una sensación muy positiva de tu participación. A menudo, la gente con poca experiencia hace lo contrario, dicen lo mejor al inicio; entonces, al final se siente una sensación de que algo faltó. Es algo muy similar a las películas y series, valoramos más las que tienen un final impactante y no hay nada más decepcionante que las que empiezan superbién y se van poniendo luego aburridas. Si quieres evitarte esa preocupación, deja lo mejor de tu charla para el final.

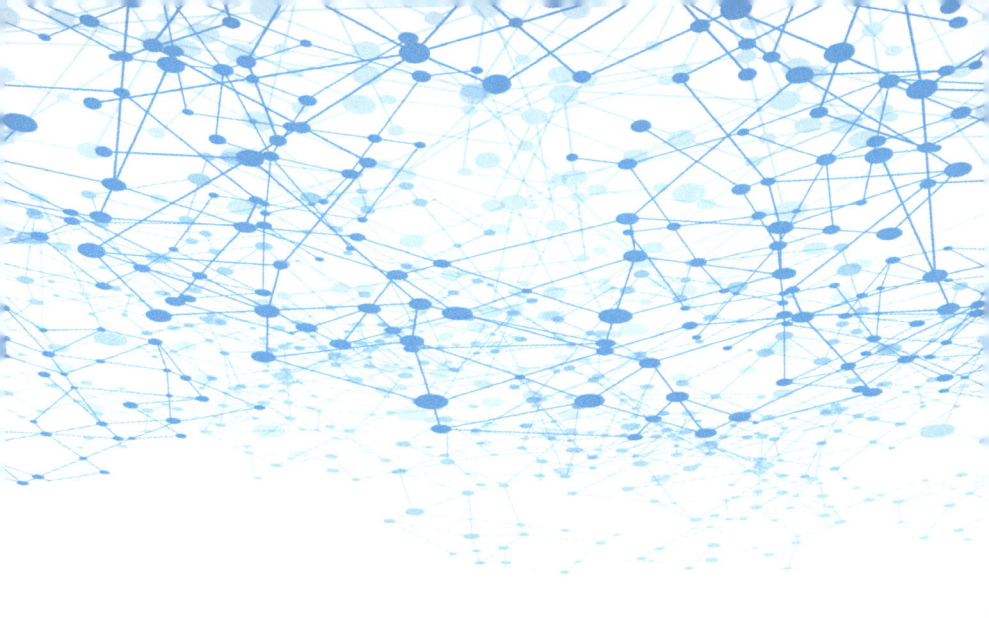

Conclusión

Y así es como llega a su fin este libro. Antes de terminar, solo quiero darte algunas recomendaciones a modo de conclusión, abordando temas que no se han mencionado en *El camino del networker*.

Manejo de las finanzas

Uno de ellos es la responsabilidad con el manejo de nuestras finanzas. Hay una frase que dice lo siguiente: *las redes de mercadeo no te hacen libre financieramente, tú te haces libre financieramente con lo que haces con el dinero que ganas en redes de mercadeo*. Creo que es una idea errónea pensar que la libertad se logra solo subiendo de rango. Déjame contarte que conozco *networkers* que han ganado varios millones y que tuvieron que empezar de cero porque no supieron cómo manejar sus finanzas.

Es más, mi caso personal es un claro ejemplo de ello, recuerdo que, cuando gané mi primer medio millón de dólares, no sabía honestamente dónde estaba ese dinero. Y es que el ego a veces nos hace confiarnos con este tema y pensamos que cuando tengamos dinero seremos sumamente responsables y lo pondremos a trabajar en alguna inversión. Pero eso no es necesariamente cierto, creo que la habilidad de ser inversionista es clave para todo *networker* que quiera lograr libertad.

Recuerdo que hace cerca de diez años leí el libro de *Retírate joven y rico* de Robert Kiyosaki, donde hablaban acerca del cuadrante del flujo del dinero y yo entendí que aún no me convenía mucho pensar como inversionista. Pero me arrepiento de no haber empezado. Mientras antes empieces a cultivar esta habilidad más rápido serás libre financieramente o millonario. Tenemos que hacer que el dinero trabaje para nosotros y no nosotros por él.

Un negocio multinivel, a pesar de todo el tema del apalancamiento, de cierta manera depende de nuestro tiempo. Por eso es importante que encontremos oportunidades de inversión donde el dinero pueda empezar a trabajar solo, y creo que no necesitas ahorrar $50,000 para empezar a ser un inversionista. No necesitas tener el rango alto de tu empresa para empezar a invertir. Basta que designes unos $100 al mes de tus ganancias a aprender a ser inversionista para que empieces a ser responsable con tu dinero.

Por ejemplo, un horror financiero que cometí fue comprarme un automóvil de lujo nuevo que me costó cerca de $40,000. Pude haberme comprado uno de segunda mano o de menor gama a $20,000 y haber invertido los otros $20,000 en alguna oportunidad. Cinco años después, pude haber generado $80,000 sin hacer nada. Las personas que no están dejando que el dinero trabaje para ellos están permitiéndose ser esclavos de él pensando que, si siguen trabajando, se recuperará ese dinero rápidamente.

Entonces, para resumir, no esperes a mañana para empezar a invertir, designa el 10% de tus ganancias a inversiones donde tu capital se mueva sin depender de tu tiempo. Este no es un libro de finanzas y no te voy a dar recomendaciones de inversión, pero te puedo comentar algunas claves para que aprendas a invertir de forma responsable:

- No inviertas en un negocio que no sepas cómo funciona, debido a esto muchas personas terminan siendo sorprendidas y estafadas. Por más que sea algo que te recomendó tu mejor amigo, estudia primero el negocio antes de invertir y, si no lo llegas a comprender bien, eso puede ser una mala señal de inversión.

- *No inviertas un dinero que no te permitas perder*, esa es la frase más famosa que se debe tatuar un inversionista. Enamórate de esa frase para que tengas un desapego total al dinero. Si estás emocionalmente involucrado en la rentabilidad de una inversión no podrás estar tranquilo nunca. Invierte considerando la opción de perder y deja que el dinero haga su trabajo.

- No pongas todos los huevos en una sola canasta. Diversifica, invierte más dinero en las opciones más conservadoras y separa un dinero de menor proporción para capital de riesgo.

- Aprende a ser organizado y ordenado si es que no lo eres. A mí personalmente siempre me costó ser ordenado con mis finanzas y eso me hizo ser esclavo del dinero durante un tiempo. Es mejor manejar a detalle tus inversiones, todo lo que te acerque un paso más a tu libertad será importante y necesario.

Balance de trabajo y vida personal

Otro tema que quiero comentar contigo en esta conclusión aparte de las finanzas, es el tema del equilibrio con la vida personal. En las empresas de redes de mercadeo (y también en el mundo corporativo) es común ver una cultura de hiperproductividad. Frases como: *Trabaja como pocos trabajan y vivirás como pocos viven* o *haz un sacrificio temporal por un beneficio permanente*, en vez de generar un bien a veces terminan desvirtuando el concepto de libertad en algunos *networkers*. Y es que a veces no nos damos cuenta de que el negocio se vuelve una obsesión tan intensa que nos puede estar quitando la vida. Terminamos priorizando tanto el dinero que empezamos a generar un desequilibrio en áreas más importantes.

Yo puedo decir que me volví *workaholic* en mi negocio, dejé de salir con amigos, salir a fiestas, vi menos a mi familia y descuidé pasatiempos que amaba. Y ahora que miro hacia atrás reconozco que eso fue lo contrario a vivir. No me arrepiento porque, si no, no te lo estaría contando ahora. Pero, aún recuerdo que fui a una convención de la empresa y uno de los líderes de la compañía mencionó que se tuvo que perder varios cumpleaños de sus hijas para poder hacer que su negocio creciera. Yo acababa de ser papá unos meses antes y ese día algo hizo un cortocircuito en mi mente y me di cuenta de que tenía que tener más discernimiento a la hora de recibir un consejo de parte de alguien. Yo no quería seguir ese ejemplo en mi vida, quería darle el máximo tiempo a mi hijo. Hay una frase que dice: *el dinero se recupera, el tiempo no* y otra que dice: *el mejor logro que puedes tener como padre es ver que tus hijos ya grandes quieren pasar tiempo contigo.* Ese día comprendí que debo escuchar todo, pero no debo tomar cada frase que me dicen como una verdad absoluta, muchos *networkers* solo hacen caso a lo que se les dice sin cuestionar realmente si eso se alinea a sus vidas.

Por supuesto que es importante hacer sacrificios en tu negocio, pero nunca al punto de descuidar otras áreas de tu vida que te hacen feliz. Y esto es algo que de cierta manera yo haría diferente si volviera a empezar. De hecho, tuve una depresión por una separación cuando tenía veintiún años y justo coincidió con los meses que mejor me estaba yendo en mi negocio. Recuerdo que estaba ganando un promedio de $20,000 al mes, pero paradójicamente andaba muy deprimido. Ahí recordé una frase que hoy no comparto, que dice: *prefiero llorar en un Ferrari que llorar en un auto viejo*; pues no fue así para mí, nadie debe preferir vivir una depresión sea en el carro que sea. Ahí fue cuando empecé a darle prioridad a mi propia vida, empecé psicoterapia para conocerme mejor y terminé encontrando mi pasión que es la psicología, pero esa es una historia aparte.

Recuerda, van a haber líderes en tu empresa que te presionarán para dar el máximo de tu capacidad. Y eso es algo normal y necesario en los negocios, no estoy para nada en contra de ello, pero recuerda que en tu negocio no te van a recordar constantemente que tu familia, tu pareja y tus pasatiempos son más importantes. Por eso, los límites son algo que tú mismo debes aprender a definir. Debes saber establecer las prioridades que necesita tu vida y nadie debe decidir eso por ti.

Con todo lo dicho, espero que este libro haya despertado en ti más conciencia y, al mismo tiempo, te haya otorgado herramientas para dar un salto de resultados como *networker*. Mi deseo es verte feliz y que seas exitoso en lo que haces. No dejes de creer que todo es posible, hazle caso a tu intuición y mantente aprendiendo.

Saludos.

Mihail

CONCLUSIÓN

🌐 https://www.elcaminodelnetworker.com/

📷 @elcaminodelnetworker

📘 @mihailmiletpage

▶ @elcaminodelnetworker

Para conocer nuestros programas, conferencias y mentorías visita nuestra página web:

Notas

Notas